FINSE WOORDENSCHAT
nieuwe woorden leren

T&P Books woordenlijsten zijn bedoeld om u te helpen vreemde woorden te leren, te onthouden, en te bestuderen. De woordenschat bevat meer dan 3000 veel gebruikte woorden die thematisch geordend zijn.

- De woordenlijst bevat de meest gebruikte woorden
- Aanbevolen als aanvulling bij welke taalcursus dan ook
- Voldoet aan de behoeften van de beginnende en gevorderde student in vreemde talen
- Geschikt voor dagelijks gebruik, bestudering en zelftestactiviteiten
- Maakt het mogelijk om uw woordenschat te evalueren

Bijzondere kenmerken van de woordenschat

- De woorden zijn gerangschikt naar hun betekenis, niet volgens alfabet
- De woorden worden weergegeven in drie kolommen om bestudering en zelftesten te vergemakkelijken
- Woorden in groepen worden verdeeld in kleine blokken om het leerproces te vergemakkelijken
- De woordenschat biedt een handige en eenvoudige beschrijving van elk buitenlands woord

De woordenschat bevat 101 onderwerpen zoals:

Basisconcepten, getallen, kleuren, maanden, seizoenen, meeteenheden, kleding en accessoires, eten & voeding, restaurant, familieleden, verwanten, karakter, gevoelens, emoties, ziekten, stad, dorp, bezienswaardigheden, winkelen, geld, huis, thuis, kantoor, werken op kantoor, import & export, marketing, werk zoeken, sport, onderwijs, computer, internet, gereedschap, natuur, landen, nationaliteiten en meer ...

INHOUDSOPGAVE

UITSPRAAKGIDS

T&P fonetisch alfabet	Fins voorbeeld	Nederlands voorbeeld
[·]	juomalasi [juoma·lasi]	hoge punt
[:]	aalto [a:lto]	lange klinker

Klinkers

[a]	hakata [hakata]	acht
[e]	ensi [ensi]	delen, spreken
[i]	musiikki [musi:kki]	bidden, tint
[o]	filosofi [filosofi]	overeenkomst
[u]	peruna [peruna]	hoed, doe
[ø]	keittiö [kejttiø]	neus, beu
[æ]	määrä [mæ:ræ]	Nederlands Nedersaksisch - dät, Engels - cat
[y]	Bryssel [bryssel]	fuut, uur

Medeklinkers

[b]	banaani [bana:ni]	hebben
[d]	odottaa [odotta:]	Dank u, honderd
[dʒ]	Kambodža [kambodʒa]	jeans, jungle
[f]	farkut [farkut]	feestdag, informeren
[g]	jooga [jo:ga]	goal, tango
[j]	suojatie [suojatæ]	New York, januari
[h]	ohra [ohra]	het, herhalen
[ɦ]	jauhot [jauɦot]	hitte, hypnose
[k]	nokkia [nokkia]	kennen, kleur
[l]	leveä [leveæ]	delen, luchter
[m]	moottori [mo:ttori]	morgen, etmaal
[n]	nainen [najnen]	nemen, zonder
[ŋ]	ankkuri [aŋkkuri]	optelling, jongeman
[p]	pelko [pelko]	parallel, koper
[r]	raketti [raketti]	roepen, breken
[s]	sarastus [sarastus]	spreken, kosten
[t]	tattari [tattari]	tomaat, taart
[ʋ]	luvata [luʋata]	als in Noord-Nederlands - water
[ʃ]	šakki [ʃakki]	shampoo, machine
[ʧ]	Chile [ʧile]	Tsjechië, cello
[z]	kazakki [kazakki]	zeven, zesde

AFKORTINGEN
gebruikt in de woordenschat

Nederlandse afkortingen

abn	-	als bijvoeglijk naamwoord
bijv.	-	bijvoorbeeld
bn	-	bijvoeglijk naamwoord
bw	-	bijwoord
enk.	-	enkelvoud
enz.	-	enzovoort
form.	-	formele taal
inform.	-	informele taal
mann.	-	mannelijk
mil.	-	militair
mv.	-	meervoud
on.ww.	-	onovergankelijk werkwoord
ontelb.	-	ontelbaar
ov.	-	over
ov.ww.	-	overgankelijk werkwoord
telb.	-	telbaar
vn	-	voornaamwoord
vrouw.	-	vrouwelijk
vw	-	voegwoord
vz	-	voorzetsel
wisk.	-	wiskunde
ww	-	werkwoord

Nederlandse artikelen

de	-	gemeenschappelijk geslacht
de/het	-	gemeenschappelijk geslacht, onzijdig
het	-	onzijdig

BASISBEGRIPPEN

1. Voornaamwoorden

ik	minä	[minæ]
jij, je	sinä	[sinæ]
hij	hän	[hæn]
zij, ze	hän	[hæn]
het	se	[se]
wij, we	me	[me]
jullie	te	[te]
zij, ze	he	[he]

2. Begroetingen. Begroetingen

Hallo! Dag!	Hei!	[hej]
Hallo!	Hei!	[hej]
Goedemorgen!	Hyvää huomenta!	[hyʋæ: huomenta]
Goedemiddag!	Hyvää päivää!	[hyʋæ: pæjʋæ:]
Goedenavond!	Hyvää iltaa!	[hyʋæ: ilta:]
gedag zeggen (groeten)	tervehtiä	[terʋehtiæ]
Hoi!	Moi!	[moj]
groeten (het)	tervehdys	[terʋehdys]
verwelkomen (ww)	tervehtiä	[terʋehtiæ]
Hoe gaat het?	Mitä kuuluu?	[mitæ ku:lu:]
Is er nog nieuws?	Mitä on uutta?	[mitæ on u:tta]
Dag! Tot ziens!	Näkemiin!	[nækemi:n]
Tot snel! Tot ziens!	Pikaisiin näkemiin!	[pikajsi:n nækemi:n]
Vaarwel!	Hyvästi!	[hyʋæsti]
afscheid nemen (ww)	hyvästellä	[hyʋæstellæ]
Tot kijk!	Hei hei!	[hej hej]
Dank u!	Kiitos!	[ki:tos]
Dank u wel!	Paljon kiitoksia!	[paljon ki:toksia]
Graag gedaan	Ole hyvä	[ole hyʋæ]
Geen dank!	Ei kestä kiittää	[ej kestæ ki:ttæ:]
Geen moeite.	Ei kestä	[ej kestæ]
Excuseer me, ...	Anteeksi!	[ante:ksi]
excuseren (verontschuldigen)	antaa anteeksi	[anta: ante:ksi]
zich verontschuldigen	pyytää anteeksi	[py:tæ: ante:ksi]
Mijn excuses.	Pyydän anteeksi	[py:dæn ante:ksi]
Het spijt me!	Anteeksi!	[ante:ksi]

vergeven (ww)	antaa anteeksi	[ɑntɑ: ɑnte:ksi]
alsjeblieft	ole hyvä	[ole hyʋæ]

Vergeet het niet!	Älkää unohtako!	[ælkæ: unohtako]
Natuurlijk!	Tietysti!	[tietysti]
Natuurlijk niet!	Eipä tietenkään!	[ejpæ tieteŋkæ:n]
Akkoord!	Olen samaa mieltä!	[olen sɑmɑ: mieltæ]
Zo is het genoeg!	Riittää!	[ri:ttæ:]

3. Vragen

Wie?	Kuka?	[kukɑ]
Wat?	Mikä?	[mikæ]
Waar?	Missä?	[missæ]
Waarheen?	Mihin?	[mihin]
Waarvandaan?	Mistä?	[mistæ]
Wanneer?	Milloin?	[millojn]
Waarom?	Mitä varten?	[mitæ ʋɑrten]
Waarom?	Miksi?	[miksi]

Waarvoor dan ook?	Minkä vuoksi?	[miŋkæ ʋuoksi]
Hoe?	Miten?	[miten]
Wat voor ...?	Millainen?	[millɑjnen]
Welk?	Mikä?	[mikæ]

Aan wie?	Kenelle?	[kenelle]
Over wie?	Kenestä?	[kenestæ]
Waarover?	Mistä?	[mistæ]
Met wie?	Kenen kanssa?	[kenen kɑnssɑ]

Hoeveel? (telb.)	Kuinka monta?	[kuiŋkɑ montɑ]
Van wie? (mann.)	Kenen?	[kenen]

4. Voorzetsels

met (bijv. ~ beleg)	kanssa	[kɑnssɑ]
zonder (~ accent)	ilman	[ilmɑn]
naar (in de richting van)	... ssa, ... ssä	[ssɑ], [ssæ]
over (praten ~)	... sta, ... stä	[stɑ], [stæ]

voor (in tijd)	ennen	[ennen]
voor (aan de voorkant)	edessä	[edessæ]

onder (lager dan)	alla	[ɑllɑ]
boven (hoger dan)	yllä	[yllæ]
op (bovenop)	päällä	[pæ:llæ]

van (uit, afkomstig van)	... sta, ... stä	[stɑ], [stæ]
van (gemaakt van)	... sta, ... stä	[stɑ], [stæ]

over (bijv. ~ een uur)	päästä	[pæ:stæ]
over (over de bovenkant)	yli	[yli]

5. Functiewoorden. Bijwoorden. Deel 1

Waar?	Missä?	[missæ]
hier (bw)	täällä	[tæ:llæ]
daar (bw)	siellä	[siellæ]

ergens (bw)	jossain	[jossajn]
nergens (bw)	ei missään	[ej missæ:n]

bij ... (in de buurt)	luona	[luona]
bij het raam	ikkunan vieressä	[ikkunan væressæ]

Waarheen?	Mihin?	[mihin]
hierheen (bw)	tänne	[tænne]
daarheen (bw)	tuonne	[tuonne]
hiervandaan (bw)	täältä	[tæ:ltæ]
daarvandaan (bw)	sieltä	[sieltæ]

dichtbij (bw)	lähellä	[læhellæ]
ver (bw)	kaukana	[kaukana]

in de buurt (van ...)	luona	[luona]
dichtbij (bw)	vieressä	[vieressæ]
niet ver (bw)	lähelle	[læhelle]

linker (bn)	vasen	[vasen]
links (bw)	vasemmalla	[vasemmalla]
linksaf, naar links (bw)	vasemmalle	[vasemmalle]

rechter (bn)	oikea	[ojkea]
rechts (bw)	oikealla	[ojkealla]
rechtsaf, naar rechts (bw)	oikealle	[ojkealle]

vooraan (bw)	edessä	[edessæ]
voorste (bn)	etumainen	[etumajnen]
vooruit (bw)	eteenpäin	[ete:npæjn]

achter (bw)	takana	[takana]
van achteren (bw)	takaa	[taka:]
achteruit (naar achteren)	takaisin	[takajsin]

midden (het)	keskikohta	[keski·kohta]
in het midden (bw)	keskellä	[keskellæ]

opzij (bw)	sivulta	[sivulta]
overal (bw)	kaikkialla	[kajkkialla]
omheen (bw)	ympärillä	[ympærillæ]

binnenuit (bw)	sisäpuolelta	[sisæ·puolelta]
naar ergens (bw)	jonnekin	[jonnekin]
rechtdoor (bw)	suoraan	[suora:n]
terug (bijv. ~ komen)	takaisin	[takajsin]
ergens vandaan (bw)	jostakin	[jostakin]
ergens vandaan (en dit geld moet ~ komen)	jostakin	[jostakin]

ten eerste (bw)	ensiksi	[ensiksi]
ten tweede (bw)	toiseksi	[tojseksi]
ten derde (bw)	kolmanneksi	[kolmanneksi]

plotseling (bw)	äkkiä	[ækkiæ]
in het begin (bw)	alussa	[alussa]
voor de eerste keer (bw)	ensi kerran	[ensi kerran]
lang voor ... (bw)	kauan ennen kuin	[kauan ennen kuin]
opnieuw (bw)	uudestaan	[u:desta:n]
voor eeuwig (bw)	pysyvästi	[pysyvæsti]

nooit (bw)	ei koskaan	[ej koska:n]
weer (bw)	taas	[ta:s]
nu (bw)	nyt	[nyt]
vaak (bw)	usein	[usejn]
toen (bw)	silloin	[sillojn]
urgent (bw)	kiireellisesti	[ki:re:llisesti]
meestal (bw)	tavallisesti	[tavallisesti]

trouwens, ... (tussen haakjes)	muuten	[mu:ten]
mogelijk (bw)	ehkä	[ehkæ]
waarschijnlijk (bw)	todennäköisesti	[toden·nækøjsesti]
misschien (bw)	ehkä	[ehkæ]
trouwens (bw)	sitä paitsi, ...	[sitæ pajtsi]
daarom ...	siksi	[siksi]
in weerwil van ...	huolimatta	[huolimatta]
dankzij ...	avulla	[avulla]

wat (vn)	mikä	[mikæ]
dat (vw)	että	[ettæ]
iets (vn)	jokin	[jokin]
iets	jotakin	[jotakin]
niets (vn)	ei mitään	[ej mitæ:n]

wie (~ is daar?)	kuka	[kuka]
iemand (een onbekende)	joku	[joku]
iemand (een bepaald persoon)	joku	[joku]

niemand (vn)	ei kukaan	[ej kuka:n]
nergens (bw)	ei mihinkään	[ej miɦiŋkæ:n]
niemands (bn)	ei kenenkään	[ej keneŋkæ:n]
iemands (bn)	jonkun	[joŋkun]

zo (Ik ben ~ blij)	niin	[ni:n]
ook (evenals)	myös	[myøs]
alsook (eveneens)	myös	[myøs]

6. Functiewoorden. Bijwoorden. Deel 2

Waarom?	Miksi?	[miksi]
om een bepaalde reden	jostain syystä	[jostajn sy:stæ]
omdat ...	koska	[koska]

voor een bepaald doel	jonkin vuoksi	[joŋkin ʋuoksi]
en (vw)	ja	[ja]
of (vw)	tai	[taj]
maar (vw)	mutta	[mutta]
voor (vz)	varten	[ʋarten]

te (~ veel mensen)	liian	[li:an]
alleen (bw)	vain	[ʋajn]
precies (bw)	tarkasti	[tarkasti]
ongeveer (~ 10 kg)	noin	[nojn]

omstreeks (bw)	likimäärin	[likimæ:rin]
bij benadering (bn)	likimääräinen	[likimæ:ræjnen]
bijna (bw)	melkein	[melkejn]
rest (de)	loput	[loput]

elk (bn)	joka	[joka]
om het even welk	jokainen	[jokajnen]
veel (grote hoeveelheid)	paljon	[paljon]
veel mensen	monet	[monet]
iedereen (alle personen)	kaikki	[kajkki]

in ruil voor ...	sen vastineeksi	[sen ʋastine:ksi]
in ruil (bw)	sijaan	[sija:n]
met de hand (bw)	käsin	[kæsin]
onwaarschijnlijk (bw)	tuskin	[tuskin]

waarschijnlijk (bw)	varmaan	[ʋarma:n]
met opzet (bw)	tahallaan	[taɦalla:n]
toevallig (bw)	sattumalta	[sattumalta]

zeer (bw)	erittäin	[erittæjn]
bijvoorbeeld (bw)	esimerkiksi	[esimerkiksi]
tussen (~ twee steden)	välillä	[ʋælillæ]
tussen (te midden van)	keskuudessa	[kesku:dessa]
zoveel (bw)	niin monta, niin paljon	[ni:n monta], [ni:n paljon]
vooral (bw)	erikoisesti	[erikojsesti]

GETALLEN. DIVERSEN

7. Kardinale getallen. Deel 1

nul	nolla	[nolla]
een	yksi	[yksi]
twee	kaksi	[kaksi]
drie	kolme	[kolme]
vier	neljä	[neljæ]

vijf	viisi	[ʋi:si]
zes	kuusi	[ku:si]
zeven	seitsemän	[sejtsemæn]
acht	kahdeksan	[kahdeksan]
negen	yhdeksän	[yhdeksæn]

tien	kymmenen	[kymmenen]
elf	yksitoista	[yksi·tojsta]
twaalf	kaksitoista	[kaksi·tojsta]
dertien	kolmetoista	[kolme·tojsta]
veertien	neljätoista	[neljæ·tojsta]

vijftien	viisitoista	[ʋi:si·tojsta]
zestien	kuusitoista	[ku:si·tojsta]
zeventien	seitsemäntoista	[sejtsemæn·tojsta]
achttien	kahdeksantoista	[kahdeksan·tojsta]
negentien	yhdeksäntoista	[yhdeksæn·tojsta]

twintig	kaksikymmentä	[kaksi·kymmentæ]
eenentwintig	kaksikymmentäyksi	[kaksi·kymmentæ·yksi]
tweeëntwintig	kaksikymmentäkaksi	[kaksi·kymmentæ·kaksi]
drieëntwintig	kaksikymmentäkolme	[kaksi·kymmentæ·kolme]

dertig	kolmekymmentä	[kolme·kymmentæ]
eenendertig	kolmekymmentäyksi	[kolme·kymmentæ·yksi]
tweeëndertig	kolmekymmentäkaksi	[kolme·kymmentæ·kaksi]
drieëndertig	kolmekymmentäkolme	[kolme·kymmentæ·kolme]

veertig	neljäkymmentä	[neljæ·kymmentæ]
eenenveertig	neljäkymmentäyksi	[neljæ·kymmentæ·yksi]
tweeënveertig	neljäkymmentäkaksi	[neljæ·kymmentæ·kaksi]
drieënveertig	neljäkymmentäkolme	[neljæ·kymmentæ·kolme]

vijftig	viisikymmentä	[ʋi:si·kymmentæ]
eenenvijftig	viisikymmentäyksi	[ʋi:si·kymmentæ·yksi]
tweeënvijftig	viisikymmentäkaksi	[ʋi:si·kymmentæ·kaksi]
drieënvijftig	viisikymmentäkolme	[ʋi:si·kymmentæ·kolme]

| zestig | kuusikymmentä | [ku:si·kymmentæ] |
| eenenzestig | kuusikymmentäyksi | [ku:si·kymmentæ·yksi] |

| tweeënzestig | kuusikymmentäkaksi | [ku:si·kymmentæ·kaksi] |
| drieënzestig | kuusikymmentäkolme | [ku:si·kymmentæ·kolme] |

zeventig	seitsemänkymmentä	[sejtsemæn·kymmentæ]
eenenzeventig	seitsemänkymmentäyksi	[sejtsemæn·kymmentæ·yksi]
tweeënzeventig	seitsemänkymmentä-kaksi	[sejtsemæn·kymmentæ-kaksi]
drieënzeventig	seitsemänkymmentäkolme	[sejtsemæn·kymmentæ kolme]

tachtig	kahdeksankymmentä	[kahdeksan·kymmentæ]
eenentachtig	kahdeksankymmentäyksi	[kahdeksan·kymmentæ·yksi]
tweeëntachtig	kahdeksankymmentä-kaksi	[kahdeksan·kymmentæ kaksi]
drieëntachtig	kahdeksankymmentä-kolme	[kahdeksan·kymmentæ kolme]

negentig	yhdeksänkymmentä	[yhdeksæn·kymmentæ]
eenennegentig	yhdeksänkymmentäyksi	[yhdeksæn·kymmentæ·yksi]
tweeënnegentig	yhdeksänkymmentäkaksi	[yhdeksæn·kymmentæ·kaksi]
drieënnegentig	yhdeksänkymmentäkolme	[yhdeksæn·kymmentæ kolme]

8. Kardinale getallen. Deel 2

honderd	sata	[sata]
tweehonderd	kaksisataa	[kaksi·sata:]
driehonderd	kolmesataa	[kolme·sata:]
vierhonderd	neljäsataa	[neljæ·sata:]
vijfhonderd	viisisataa	[ui:si·sata:]
zeshonderd	kuusisataa	[ku:si·sata:]
zevenhonderd	seitsemänsataa	[sejtsemæn·sata:]
achthonderd	kahdeksansataa	[kahdeksan·sata:]
negenhonderd	yhdeksänsataa	[yhdeksæn·sata:]

duizend	tuhat	[tuħat]
tweeduizend	kaksituhatta	[kaksi·tuħatta]
drieduizend	kolmetuhatta	[kolme·tuħatta]
tienduizend	kymmenentuhatta	[kymmenen·tuħatta]
honderdduizend	satatuhatta	[sata·tuħatta]
miljoen (het)	miljoona	[miljo:na]
miljard (het)	miljardi	[miljardi]

9. Ordinale getallen

eerste (bn)	ensimmäinen	[ensimmæjnen]
tweede (bn)	toinen	[tojnen]
derde (bn)	kolmas	[kolmas]
vierde (bn)	neljäs	[neljæs]
vijfde (bn)	viides	[ui:des]
zesde (bn)	kuudes	[ku:des]
zevende (bn)	seitsemäs	[sejtsemæs]

achtste (bn)	**kahdeksas**	[kahdeksɑs]
negende (bn)	**yhdeksäs**	[yhdeksæs]
tiende (bn)	**kymmenes**	[kymmenes]

KLEUREN. MEETEENHEDEN

10. Kleuren

kleur (de)	väri	[ʋæri]
tint (de)	sävy, värisävy	[sæʋy], [ʋæri·sæʋy]
kleurnuance (de)	värisävy	[ʋæri·sæʋy]
regenboog (de)	sateenkaari	[sɑte:n·kɑ:ri]
wit (bn)	valkoinen	[ʋɑlkojnen]
zwart (bn)	musta	[mustɑ]
grijs (bn)	harmaa	[hɑrmɑ:]
groen (bn)	vihreä	[ʋihreæ]
geel (bn)	keltainen	[keltɑjnen]
rood (bn)	punainen	[punɑjnen]
blauw (bn)	sininen	[sininen]
lichtblauw (bn)	vaaleansininen	[ʋɑ:leɑn·sininen]
roze (bn)	vaaleanpunainen	[ʋɑ:leɑn·punɑjnen]
oranje (bn)	oranssi	[orɑnssi]
violet (bn)	violetti	[ʋioletti]
bruin (bn)	ruskea	[ruskeɑ]
goud (bn)	kultainen	[kultɑjnen]
zilverkleurig (bn)	hopeinen	[hopejnen]
beige (bn)	beige	[bejge]
roomkleurig (bn)	kermanvärinen	[kermɑn·ʋærinen]
turkoois (bn)	turkoosi	[turko:si]
kersrood (bn)	kirsikanpunainen	[kirsikɑn·punɑjnen]
lila (bn)	sinipunainen	[sini·punɑjnen]
karmijnrood (bn)	karmiininpunainen	[kɑrmi:nen·punɑjnen]
licht (bn)	vaalea	[ʋɑ:leɑ]
donker (bn)	tumma	[tummɑ]
fel (bn)	kirkas	[kirkɑs]
kleur-, kleurig (bn)	väri-	[ʋæri]
kleuren- (abn)	väri-	[ʋæri]
zwart-wit (bn)	mustavalkoinen	[mustɑ·ʋɑlkojnen]
eenkleurig (bn)	yksivärinen	[yksi·ʋærinen]
veelkleurig (bn)	erivärinen	[eriʋærinen]

11. Meeteenheden

gewicht (het)	paino	[pɑjno]
lengte (de)	pituus	[pitu:s]

breedte (de)	leveys	[leʋeys]
hoogte (de)	korkeus	[korkeus]
diepte (de)	syvyys	[syʋy:s]
volume (het)	tilavuus	[tilaʋu:s]
oppervlakte (de)	pinta-ala	[pinta·ala]

gram (het)	gramma	[gramma]
milligram (het)	milligramma	[milligramma]
kilogram (het)	kilo	[kilo]
ton (duizend kilo)	tonni	[tonni]
pond (het)	pauna, naula	[pauna], [naula]
ons (het)	unssi	[unssi]

meter (de)	metri	[metri]
millimeter (de)	millimetri	[millimetri]
centimeter (de)	senttimetri	[senttimetri]
kilometer (de)	kilometri	[kilometri]
mijl (de)	peninkulma	[penin·kulma]

duim (de)	tuuma	[tu:ma]
voet (de)	jalka	[jalka]
yard (de)	jaardi	[ja:rdi]

| vierkante meter (de) | neliömetri | [neliø·metri] |
| hectare (de) | hehtaari | [hehta:ri] |

liter (de)	litra	[litra]
graad (de)	aste	[aste]
volt (de)	voltti	[ʋoltti]
ampère (de)	ampeeri	[ampe:ri]
paardenkracht (de)	hevosvoima	[heʋos·ʋojma]

hoeveelheid (de)	määrä	[mæ:ræ]
een beetje ...	vähän	[ʋæɦæn]
helft (de)	puoli	[puoli]
dozijn (het)	tusina	[tusina]
stuk (het)	kappale	[kappale]

| afmeting (de) | koko | [koko] |
| schaal (bijv. ~ van 1 op 50) | mittakaava | [mitta·ka:ʋa] |

minimaal (bn)	minimaalinen	[minima:linen]
minste (bn)	pienin	[pienin]
medium (bn)	keskikokoinen	[keskikokojnen]
maximaal (bn)	maksimaalinen	[maksima:linen]
grootste (bn)	suurin	[su:rin]

12. Containers

glazen pot (de)	lasitölkki	[lasi·tølkki]
blik (conserven~)	purkki	[purkki]
emmer (de)	sanko	[saŋko]
ton (bijv. regenton)	tynnyri	[tynnyri]
ronde waterbak (de)	pesuvati	[pesu·ʋati]

tank (bijv. watertank-70-ltr)	säiliö	[sæjliø]
heupfles (de)	kenttäpullo	[kenttæ·pullo]
jerrycan (de)	jerrykannu	[jerry·kannu]
tank (bijv. ketelwagen)	säiliö	[sæjliø]

beker (de)	muki	[muki]
kopje (het)	kuppi	[kuppi]
schoteltje (het)	teevati	[te:ʋati]
glas (het)	juomalasi	[juoma·lasi]
wijnglas (het)	viinilasi	[ʋi:ni·lasi]
pan (de)	kasari, kattila	[kasari], [kattila]

| fles (de) | pullo | [pullo] |
| flessenhals (de) | pullonkaula | [pulloŋ·kaula] |

karaf (de)	karahvi	[karahʋi]
kruik (de)	kannu	[kannu]
vat (het)	astia	[astia]
pot (de)	ruukku	[ru:kku]
vaas (de)	vaasi, maljakko	[ʋa:si], [maljakko]

flacon (de)	pullo	[pullo]
flesje (het)	pieni pullo	[pjeni pullo]
tube (bijv. ~ tandpasta)	tuubi	[tu:bi]

zak (bijv. ~ aardappelen)	säkki	[sækki]
tasje (het)	säkki, pussi	[sækki], [pussi]
pakje (~ sigaretten, enz.)	aski	[aski]

doos (de)	laatikko	[la:tikko]
kist (de)	laatikko	[la:tikko]
mand (de)	kori	[kori]

BELANGRIJKSTE WERKWOORDEN

13. De belangrijkste werkwoorden. Deel 1

aanbevelen (ww)	suositella	[suositella]
aandringen (ww)	vaatia	[ʋɑ:tia]
aankomen (per auto, enz.)	saapua	[sɑ:pua]
aanraken (ww)	koskettaa	[kosketta:]
adviseren (ww)	neuvoa	[neuʋoɑ]

afdalen (on.ww.)	laskeutua	[lɑskeutua]
afslaan (naar rechts ~)	kääntää	[kæ:ntæ:]
antwoorden (ww)	vastata	[ʋastɑta]
bang zijn (ww)	pelätä	[pelætæ]
bedreigen (bijv. met een pistool)	uhata	[uɦata]

bedriegen (ww)	pettää	[pettæ:]
beëindigen (ww)	lopettaa	[lopetta:]
beginnen (ww)	alkaa	[alka:]
begrijpen (ww)	ymmärtää	[ymmærtæ:]
beheren (managen)	johtaa	[johta:]

beledigen (met scheldwoorden)	loukata	[loukata]
beloven (ww)	luvata	[luʋata]
bereiden (koken)	laittaa	[lɑjtta:]
bespreken (spreken over)	käsitellä	[kæsitellæ]

bestellen (eten ~)	tilata	[tilata]
bestraffen (een stout kind ~)	rangaista	[raŋɑjsta]
betalen (ww)	maksaa	[maksa:]
betekenen (beduiden)	tarkoittaa, merkitä	[tarkojtta:], [merkitæ]
betreuren (ww)	katua	[katua]

bevallen (prettig vinden)	pitää	[pitæ:]
bevelen (mil.)	käskeä	[kæskeæ]
bevrijden (stad, enz.)	vapauttaa	[ʋapautta:]
bewaren (ww)	pitää, säilyttää	[pitæ:], [sæjlyttæ:]
bezitten (ww)	omistaa	[omista:]

bidden (praten met God)	rukoilla	[rukojlla]
binnengaan (een kamer ~)	tulla sisään	[tulla sisæ:n]
breken (ww)	rikkoa	[rikkoa]
controleren (ww)	tarkastaa	[tarkasta:]
creëren (ww)	luoda	[luoda]

deelnemen (ww)	osallistua	[osallistua]
denken (ww)	ajatella	[ajatella]
doden (ww)	murhata	[murhata]

| doen (ww) | tehdä | [tehdæ] |
| dorst hebben (ww) | minulla on jano | [minulla on jano] |

14. De belangrijkste werkwoorden. Deel 2

een hint geven	vihjata	[vihjata]
eisen (met klem vragen)	vaatia	[va:tia]
excuseren (vergeven)	antaa anteeksi	[anta: ante:ksi]
existeren (bestaan)	olla olemassa	[olla olemassa]
gaan (te voet)	mennä	[mennæ]

gaan zitten (ww)	istua, istuutua	[istua], [istu:tua]
gaan zwemmen	uida	[ujda]
geven (ww)	antaa	[anta:]
glimlachen (ww)	hymyillä	[hymyjllæ]
goed raden (ww)	arvata	[arvata]

grappen maken (ww)	vitsailla	[vitsajlla]
graven (ww)	kaivaa	[kajva:]
hebben (ww)	omistaa	[omista:]
helpen (ww)	auttaa	[autta:]
herhalen (opnieuw zeggen)	toistaa	[tojsta:]
honger hebben (ww)	minulla on nälkä	[minulla on nælkæ]

hopen (ww)	toivoa	[tojvoa]
horen	kuulla	[ku:lla]
(waarnemen met het oor)		
huilen (wenen)	itkeä	[itkeæ]
huren (huis, kamer)	vuokrata	[vuokrata]
informeren (informatie geven)	tiedottaa	[tiedotta:]
instemmen (akkoord gaan)	suostua	[suostua]
jagen (ww)	metsästää	[metsæstæ:]
kennen (kennis hebben	tuntea	[tuntea]
van iemand)		
kiezen (ww)	valita	[valita]
klagen (ww)	valittaa	[valitta:]

kosten (ww)	maksaa	[maksa:]
kunnen (ww)	voida	[vojda]
lachen (ww)	nauraa	[naura:]
laten vallen (ww)	pudottaa	[pudotta:]
lezen (ww)	lukea	[lukea]

liefhebben (ww)	rakastaa	[rakasta:]
lunchen (ww)	syödä lounasta	[syødæ lounasta]
nemen (ww)	ottaa	[otta:]
nodig zijn (ww)	tarvita	[tarvita]

15. De belangrijkste werkwoorden. Deel 3

| onderschatten (ww) | aliarvioida | [aliarviojda] |
| ondertekenen (ww) | allekirjoittaa | [allekirjoitta:] |

ontbijten (ww)	syödä aamiaista	[syødæ ɑ:miɑjstɑ]
openen (ww)	avata	[ɑuɑtɑ]
ophouden (ww)	lakata	[lɑkɑtɑ]
opmerken (zien)	huomata	[huomɑtɑ]

opscheppen (ww)	kerskua	[kerskuɑ]
opschrijven (ww)	kirjoittaa muistiin	[kirjoittɑ: mujsti:n]
plannen (ww)	suunnitella	[su:nnitellɑ]
prefereren (verkiezen)	pitää enemmän	[pitæ: enemmæn]
proberen (trachten)	koettaa	[koettɑ:]
redden (ww)	pelastaa	[pelɑstɑ:]

rekenen op ...	luottaa	[luottɑ:]
rennen (ww)	juosta	[juostɑ]
reserveren (een hotelkamer ~)	varata	[uɑrɑtɑ]
roepen (om hulp)	kutsua	[kutsuɑ]
schieten (ww)	ampua	[ɑmpuɑ]
schreeuwen (ww)	huutaa	[hu:tɑ:]

schrijven (ww)	kirjoittaa	[kirjoittɑ:]
souperen (ww)	illastaa	[illɑstɑ:]
spelen (kinderen)	leikkiä	[lejkkiæ]
spreken (ww)	keskustella	[keskustellɑ]
stelen (ww)	varastaa	[uɑrɑstɑ:]
stoppen (pauzeren)	pysähtyä	[pysæhtyæ]

studeren (Nederlands ~)	oppia	[oppiɑ]
sturen (zenden)	lähettää	[læhettæ:]
tellen (optellen)	laskea	[lɑskeɑ]
toebehoren aan ...	kuulua	[ku:luɑ]
toestaan (ww)	antaa lupa	[ɑntɑ: lupɑ]
tonen (ww)	näyttää	[næyttæ:]

twijfelen (onzeker zijn)	epäillä	[epæjllæ]
uitgaan (ww)	mennä, tulla ulos	[mennæ], [tullɑ ulos]
uitnodigen (ww)	kutsua	[kutsuɑ]
uitspreken (ww)	lausua	[lɑusuɑ]
uitvaren tegen (ww)	haukkua	[hɑukkuɑ]

16. De belangrijkste werkwoorden. Deel 4

vallen (ww)	kaatua	[kɑ:tuɑ]
vangen (ww)	ottaa kiinni	[ottɑ: ki:nni]
veranderen (anders maken)	muuttaa	[mu:ttɑ:]
verbaasd zijn (ww)	ihmetellä	[ihmetellæ]
verbergen (ww)	piilotella	[pi:lotellɑ]

verdedigen (je land ~)	puolustaa	[puolustɑ:]
verenigen (ww)	yhdistää	[yhdistæ:]
vergelijken (ww)	verrata	[uerrɑtɑ]
vergeten (ww)	unohtaa	[unohtɑ:]
vergeven (ww)	antaa anteeksi	[ɑntɑ: ante:ksi]
verklaren (uitleggen)	selittää	[selittæ:]

verkopen (per stuk ~)	myydä	[my:dæ]
vermelden (praten over)	mainita	[majnita]
versieren (decoreren)	koristaa	[korista:]
vertalen (ww)	kääntää	[kæ:ntæ:]

vertrouwen (ww)	luottaa	[luotta:]
vervolgen (ww)	jatkaa	[jatka:]
verwarren (met elkaar ~)	sekoittaa	[sekojtta:]
verzoeken (ww)	pyytää	[py:tæ:]
verzuimen (school, enz.)	olla poissa	[olla pojssa]

vinden (ww)	löytää	[løytæ:]
vliegen (ww)	lentää	[lentæ:]
volgen (ww)	seurata	[seurata]
voorstellen (ww)	ehdottaa	[ehdotta:]
voorzien (verwachten)	odottaa	[odotta:]
vragen (ww)	kysyä	[kysyæ]

waarnemen (ww)	tarkkailla	[tarkkajlla]
waarschuwen (ww)	varoittaa	[uarojtta:]
wachten (ww)	odottaa	[odotta:]
weerspreken (ww)	vastustaa	[uastusta:]
weigeren (ww)	kieltäytyä	[kæltæytyæ]

werken (ww)	työskennellä	[tyøskennellæ]
weten (ww)	tietää	[tietæ:]
willen (verlangen)	haluta	[haluta]
zeggen (ww)	sanoa	[sanoa]
zich haasten (ww)	pitää kiirettä	[pitæ: ki:rettæ]

zich interesseren voor ...	kiinnostua	[ki:nnostua]
zich vergissen (ww)	erehtyä	[erehtyæ]
zich verontschuldigen	pyytää anteeksi	[py:tæ: ante:ksi]
zien (ww)	nähdä	[næhdæ]

zijn (ww)	olla	[olla]
zoeken (ww)	etsiä	[etsiæ]
zwemmen (ww)	uida	[ujda]
zwijgen (ww)	olla vaiti	[olla uajti]

TIJD. KALENDER

17. Dagen van de week

maandag (de)	maanantai	[ma:nantaj]
dinsdag (de)	tiistai	[ti:staj]
woensdag (de)	keskiviikko	[keskiʋi:kko]
donderdag (de)	torstai	[torstaj]
vrijdag (de)	perjantai	[perjantaj]
zaterdag (de)	lauantai	[lauantaj]
zondag (de)	sunnuntai	[sunnuntaj]
vandaag (bw)	tänään	[tænæ:n]
morgen (bw)	huomenna	[huomenna]
overmorgen (bw)	ylihuomenna	[ylihuomenna]
gisteren (bw)	eilen	[ejlen]
eergisteren (bw)	toissa päivänä	[tojssa pæjʋænæ]
dag (de)	päivä	[pæjʋæ]
werkdag (de)	työpäivä	[työ·pæjʋæ]
feestdag (de)	juhlapäivä	[juhla·pæjʋæ]
verlofdag (de)	vapaapäivä	[ʋapa:pæjʋæ]
weekend (het)	viikonloppu	[ʋi:kon·loppu]
de hele dag (bw)	koko päivän	[koko pæjʋæn]
de volgende dag (bw)	ensi päivänä	[ensi pæjʋænæ]
twee dagen geleden	kaksi päivää sitten	[kaksi pæjʋæ: sitten]
aan de vooravond (bw)	aattona	[a:ttona]
dag-, dagelijks (bn)	päivittäinen	[pæjʋittæjnen]
elke dag (bw)	joka päivä	[joka pæjʋæ]
week (de)	viikko	[ʋi:kko]
vorige week (bw)	viime viikolla	[ʋi:me ʋi:kolla]
volgende week (bw)	ensi viikolla	[ensi ʋi:kolla]
wekelijks (bn)	viikoittainen	[ʋi:kojttajnen]
elke week (bw)	joka viikko	[joka ʋi:kko]
twee keer per week	kaksi kertaa viikossa	[kaksi kerta: ʋi:kossa]
elke dinsdag	joka tiistai	[joka ti:staj]

18. Uren. Dag en nacht

morgen (de)	aamu	[a:mu]
's morgens (bw)	aamulla	[a:mulla]
middag (de)	puolipäivä	[puoli·pæjʋæ]
's middags (bw)	iltapäivällä	[ilta·pæjʋællæ]
avond (de)	ilta	[ilta]
's avonds (bw)	illalla	[illalla]

nacht (de)	yö	[yø]
's nachts (bw)	yöllä	[yøllæ]
middernacht (de)	puoliyö	[puoli·yø]

seconde (de)	sekunti	[sekunti]
minuut (de)	minuutti	[minu:tti]
uur (het)	tunti	[tunti]
halfuur (het)	puoli tuntia	[puoli tuntia]
kwartier (het)	vartti	[ʋartti]
vijftien minuten	viisitoista minuuttia	[ʋi:si·tojsta minu:ttia]
etmaal (het)	vuorokausi	[ʋuoro·kausi]

zonsopgang (de)	auringonnousu	[auriŋon·nousu]
dageraad (de)	sarastus	[sarastus]
vroege morgen (de)	varhainen aamu	[ʋarhajnen a:mu]
zonsondergang (de)	auringonlasku	[auriŋon·lasku]

's morgens vroeg (bw)	aamulla aikaisin	[a:mulla ajkajsin]
vanmorgen (bw)	tänä aamuna	[tænæ a:muna]
morgenochtend (bw)	ensi aamuna	[ensi a:muna]

vanmiddag (bw)	tänä päivänä	[tænæ pæjʋænæ]
's middags (bw)	iltapäivällä	[ilta·pæjʋællæ]
morgenmiddag (bw)	huomisiltapäivällä	[huomis·ilta·pæjʋællæ]

vanavond (bw)	tänä iltana	[tænæ iltana]
morgenavond (bw)	ensi iltana	[ensi iltana]

klokslag drie uur	tasan kolmelta	[tasan kolmelta]
ongeveer vier uur	noin neljältä	[nojn neljæltæ]
tegen twaalf uur	kahdentoista mennessä	[kahdentojsta menessæ]

over twintig minuten	kahdenkymmenen minuutin kuluttua	[kahdeŋkymmenen minu:tin kuluttua]
over een uur	tunnin kuluttua	[tunnin kuluttua]
op tijd (bw)	ajoissa	[ajoissa]

kwart voor ...	varttia vaille	[ʋarttia ʋajlle]
binnen een uur	tunnin kuluessa	[tunnin kuluessa]
elk kwartier	viidentoista minuutin välein	[ʋi:den·tojsta minu:tin ʋælejn]
de klok rond	ympäri vuorokauden	[ympæri ʋuoro kauden]

19. Maanden. Seizoenen

januari (de)	tammikuu	[tammiku:]
februari (de)	helmikuu	[helmiku:]
maart (de)	maaliskuu	[ma:lisku:]
april (de)	huhtikuu	[huhtiku:]
mei (de)	toukokuu	[toukoku:]
juni (de)	kesäkuu	[kesæku:]

juli (de)	heinäkuu	[hejnæku:]
augustus (de)	elokuu	[eloku:]

september (de)	**syyskuu**	[sy:sku:]
oktober (de)	**lokakuu**	[lokaku:]
november (de)	**marraskuu**	[marrasku:]
december (de)	**joulukuu**	[jouluku:]

lente (de)	**kevät**	[keʋæt]
in de lente (bw)	**keväällä**	[keʋæ:llæ]
lente- (abn)	**keväinen**	[keʋæjnen]

zomer (de)	**kesä**	[kesæ]
in de zomer (bw)	**kesällä**	[kesællæ]
zomer-, zomers (bn)	**kesäinen**	[kesæjnen]

herfst (de)	**syksy**	[syksy]
in de herfst (bw)	**syksyllä**	[syksyllæ]
herfst- (abn)	**syksyinen**	[syksyjnen]

winter (de)	**talvi**	[talʋi]
in de winter (bw)	**talvella**	[talʋella]
winter- (abn)	**talvinen**	[talʋinen]

maand (de)	**kuukausi**	[ku:kausi]
deze maand (bw)	**tässä kuussa**	[tæssæ ku:ssa]
volgende maand (bw)	**ensi kuussa**	[ensi ku:ssa]
vorige maand (bw)	**viime kuussa**	[ʋi:me ku:ssa]

een maand geleden (bw)	**kuukausi sitten**	[ku:kausi sitten]
over een maand (bw)	**kuukauden kuluttua**	[ku:kauden kuluttua]
over twee maanden (bw)	**kahden kuukauden kuluttua**	[kahden ku:kauden kuluttua]
de hele maand (bw)	**koko kuukauden**	[koko ku:kauden]
een volle maand (bw)	**koko kuukauden**	[koko ku:kauden]

maand-, maandelijks (bn)	**kuukautinen**	[ku:kautinen]
maandelijks (bw)	**kuukausittain**	[ku:kausittajn]
elke maand (bw)	**joka kuukausi**	[joka ku:kausi]
twee keer per maand	**kaksi kertaa kuukaudessa**	[kaksi kerta: ku:kaudessa]

jaar (het)	**vuosi**	[ʋuosi]
dit jaar (bw)	**tänä vuonna**	[tænæ ʋuonna]
volgend jaar (bw)	**ensi vuonna**	[ensi ʋuonna]
vorig jaar (bw)	**viime vuonna**	[ʋi:me ʋuonna]

een jaar geleden (bw)	**vuosi sitten**	[ʋuosi sitten]
over een jaar	**vuoden kuluttua**	[ʋuoden kuluttua]
over twee jaar	**kahden vuoden kuluttua**	[kahden ʋuoden kuluttua]
het hele jaar	**koko vuoden**	[koko ʋuoden]
een vol jaar	**koko vuoden**	[koko ʋuoden]

elk jaar	**joka vuosi**	[joka ʋuosi]
jaar-, jaarlijks (bn)	**vuosittainen**	[ʋuosittajnen]
jaarlijks (bw)	**vuosittain**	[ʋuosittajn]
4 keer per jaar	**neljä kertaa vuodessa**	[neljæ kerta: ʋuodessa]

datum (de)	**päivämäärä**	[pæjʋæ·mæ:ræ]
datum (de)	**päivämäärä**	[pæjʋæ·mæ:ræ]

kalender (de)	**kalenteri**	[kalenteri]
een half jaar	**puoli vuotta**	[puoli ʋuotta]
zes maanden	**vuosipuolisko**	[ʋuosi·puolisko]
seizoen (bijv. lente, zomer)	**vuodenaika**	[ʋuoden·ajka]
eeuw (de)	**vuosisata**	[ʋuosi·sata]

REIZEN. HOTEL

20. Trip. Reizen

toerisme (het)	**matkailu**	[mɑtkɑjlu]
toerist (de)	**matkailija**	[mɑtkɑjlijɑ]
reis (de)	**matka**	[mɑtkɑ]
avontuur (het)	**seikkailu**	[sejkkɑjlu]
tocht (de)	**matka**	[mɑtkɑ]
vakantie (de)	**loma**	[lomɑ]
met vakantie zijn	**olla lomalla**	[ollɑ lomɑllɑ]
rust (de)	**lepo**	[lepo]
trein (de)	**juna**	[junɑ]
met de trein	**junalla**	[junɑllɑ]
vliegtuig (het)	**lentokone**	[lento·kone]
met het vliegtuig	**lentokoneella**	[lentokone:llɑ]
met de auto	**autolla**	[ɑutollɑ]
per schip (bw)	**laivalla**	[lɑjʋɑllɑ]
bagage (de)	**matkatavara**	[mɑtkɑ·tɑʋɑrɑ]
valies (de)	**matkalaukku**	[mɑtkɑ·lɑukku]
bagagekarretje (het)	**matkatavarakärryt**	[mɑtkɑ·tɑʋɑrɑt·kærryt]
paspoort (het)	**passi**	[pɑssi]
visum (het)	**viisumi**	[ʋi:sumi]
kaartje (het)	**lippu**	[lippu]
vliegticket (het)	**lentolippu**	[lento·lippu]
reisgids (de)	**opaskirja**	[opɑs·kirjɑ]
kaart (de)	**kartta**	[kɑrttɑ]
gebied (landelijk ~)	**seutu**	[seutu]
plaats (de)	**paikka**	[pɑjkkɑ]
exotische bestemming (de)	**eksoottisuus**	[ekso:ttisu:s]
exotisch (bn)	**eksoottinen**	[ekso:ttinen]
verwonderlijk (bn)	**ihmeellinen**	[ihme:llinen]
groep (de)	**ryhmä**	[ryhmæ]
rondleiding (de)	**ekskursio, retki**	[ekskursio], [retki]
gids (de)	**opas**	[opɑs]

21. Hotel

hotel (het)	**hotelli**	[hotelli]
motel (het)	**motelli**	[motelli]
3-sterren	**kolme tähteä**	[kolme tæhteæ]

| 5-sterren | viisi tähteä | [ʋiːsi tæhteæ] |
| overnachten (ww) | oleskella | [oleskella] |

kamer (de)	huone	[huone]
eenpersoonskamer (de)	yhden hengen huone	[yhden heŋen huone]
tweepersoonskamer (de)	kahden hengen huone	[kahden heŋen huone]
een kamer reserveren	varata huone	[ʋarata huone]

| halfpension (het) | puolihoito | [puoli·hojto] |
| volpension (het) | täysihoito | [tæysi·hojto] |

met badkamer	jossa on kylpyamme	[jossa on kylpyamme]
met douche	on suihku	[on sujhku]
satelliet-tv (de)	satelliittitelevisio	[satelliːtti·teleʋisio]
airconditioner (de)	ilmastointilaite	[ilmastojnti·lajte]
handdoek (de)	pyyhe	[pyːhe]
sleutel (de)	avain	[aʋajn]

administrateur (de)	hallintovirkamies	[hallinto·ʋirka·mies]
kamermeisje (het)	huonesiivooja	[huone·siːʋoːja]
piccolo (de)	kantaja	[kantaja]
portier (de)	vahtimestari	[ʋahti·mestari]

restaurant (het)	ravintola	[raʋintola]
bar (de)	baari	[baːri]
ontbijt (het)	aamiainen	[aːmiajnen]
avondeten (het)	illallinen	[illallinen]
buffet (het)	noutopöytä	[nouto·pøytæ]

| hal (de) | eteishalli | [etejs·halli] |
| lift (de) | hissi | [hissi] |

| NIET STOREN | ÄLKÄÄ HÄIRITKÖ | [ælkæː hæjritkø] |
| VERBODEN TE ROKEN! | TUPAKOINTI KIELLETTY | [tupakojnti kielletty] |

22. Bezienswaardigheden

monument (het)	patsas	[patsas]
vesting (de)	linna	[linna]
paleis (het)	palatsi	[palatsi]
kasteel (het)	linna	[linna]
toren (de)	torni	[torni]
mausoleum (het)	mausoleumi	[mausoleumi]

architectuur (de)	arkkitehtuuri	[arkkitehtuːri]
middeleeuws (bn)	keskiaikainen	[keskiajkajnen]
oud (bn)	vanha	[ʋanha]
nationaal (bn)	kansallinen	[kansallinen]
bekend (bn)	tunnettu	[tunnettu]

toerist (de)	matkailija	[matkajlija]
gids (de)	opas	[opas]
rondleiding (de)	ekskursio, retki	[ekskursio], [retki]
tonen (ww)	näyttää	[næyttæː]

vertellen (ww)	kertoa	[kertoɑ]
vinden (ww)	löytää	[løytæ:]
verdwalen (de weg kwijt zijn)	hävitä	[hæʋitæ]
plattegrond (~ van de metro)	reittikartta	[rejtti·kartta]
plattegrond (~ van de stad)	asemakaava	[ɑsemɑ·kɑ:ʋɑ]
souvenir (het)	matkamuisto	[mɑtkɑ·mujsto]
souvenirwinkel (de)	matkamuistokauppa	[mɑtkɑ·mujsto·kɑuppɑ]
foto's maken	valokuvata	[ʋɑlokuʋɑtɑ]
zich laten fotograferen	valokuvauttaa itsensä	[ʋɑlokuʋɑuttɑ: itsensæ]

VERVOER

23. Vliegveld

luchthaven (de)	lentoasema	[lento·asema]
vliegtuig (het)	lentokone	[lento·kone]
luchtvaartmaatschappij (de)	lentoyhtiö	[lento·yhtiø]
luchtverkeersleider (de)	lennonjohtaja	[lennon·johtaja]
vertrek (het)	lähtö	[læhtø]
aankomst (de)	saapuvat	[sɑ:puʋɑt]
aankomen (per vliegtuig)	lentää	[lentæ:]
vertrektijd (de)	lähtöaika	[læhtø·ɑjkɑ]
aankomstuur (het)	saapumisaika	[sɑ:pumis·ɑjkɑ]
vertraagd zijn (ww)	myöhästyä	[myøhæstyæ]
vluchtvertraging (de)	lennon viivästyminen	[lennon ʋi:ʋæstyminen]
informatiebord (het)	tiedotustaulu	[tiedotus·taulu]
informatie (de)	tiedotus	[tiedotus]
aankondigen (ww)	ilmoittaa	[ilmojttɑ:]
vlucht (bijv. KLM ~)	lento	[lento]
douane (de)	tulli	[tulli]
douanier (de)	tullimies	[tullimies]
douaneaangifte (de)	tullausilmoitus	[tullaus·ilmojtus]
invullen (douaneaangifte ~)	täyttää	[tæyttæ:]
een douaneaangifte invullen	täyttää tullausilmoitus	[tæyttæ: tullaus ilmojtus]
paspoortcontrole (de)	passintarkastus	[passin·tarkastus]
bagage (de)	matkatavara	[mɑtkɑ·tɑʋɑrɑ]
handbagage (de)	käsimatkatavara	[kæsi·matkɑ·tɑʋɑrɑ]
bagagekarretje (het)	matkatavarakärryt	[matkɑ·tɑʋɑrɑt·kærryt]
landing (de)	lasku	[lɑsku]
landingsbaan (de)	laskurata	[lɑsku·rɑtɑ]
landen (ww)	laskeutua	[lɑskeutuɑ]
vliegtuigtrap (de)	laskuportaat	[lɑsku·portɑ:t]
inchecken (het)	lähtöselvitys	[læhtø·selʋitys]
incheckbalie (de)	rekisteröintitiski	[rekisterøinti·tiski]
inchecken (ww)	ilmoittautua	[ilmojttautua]
instapkaart (de)	koneeseennousukortti	[kone:se:n·nousu·kortti]
gate (de)	lentokoneen pääsy	[lento·kone:n pæ:sy]
transit (de)	kauttakulku	[kautta·kulku]
wachten (ww)	odottaa	[odotta:]
wachtzaal (de)	odotussali	[odotus·sali]

| begeleiden (uitwuiven) | saattaa ulos | [sɑːttɑ: ulos] |
| afscheid nemen (ww) | hyvästellä | [hyʋæstellæ] |

24. Vliegtuig

vliegtuig (het)	lentokone	[lento·kone]
vliegticket (het)	lentolippu	[lento·lippu]
luchtvaartmaatschappij (de)	lentoyhtiö	[lento·yhtiø]
luchthaven (de)	lentoasema	[lento·asema]
supersonisch (bn)	yliääni-	[yliæ:ni-]

gezagvoerder (de)	lentokoneen päällikkö	[lento·kone:n pæ:llikkø]
bemanning (de)	miehistö	[mæɦistø]
piloot (de)	lentäjä	[lentæjæ]
stewardess (de)	lentoemäntä	[lento·emæntæ]
stuurman (de)	perämies	[peræmies]

vleugels (mv.)	siivet	[siːʋet]
staart (de)	pyrstö	[pyrstø]
cabine (de)	ohjaamo	[ohjɑːmo]
motor (de)	moottori	[moːttori]
landingsgestel (het)	laskuteline	[lɑsku·teline]
turbine (de)	turbiini	[turbiːni]
propeller (de)	propelli	[propelli]
zwarte doos (de)	musta laatikko	[musta lɑːtikko]
stuur (het)	ohjaussauva	[ohjɑus·sɑuʋa]
brandstof (de)	polttoaine	[poltto·ɑjne]

veiligheidskaart (de)	turvaohje	[turʋɑ·ohje]
zuurstofmasker (het)	happinaamari	[hɑppinɑːmɑri]
uniform (het)	univormu	[uniʋormu]
reddingsvest (de)	pelastusliivi	[pelɑstus·liːʋi]
parachute (de)	laskuvarjo	[lɑsku·ʋɑrjo]
opstijgen (het)	ilmaannousu	[ilmɑːn·nousu]
opstijgen (ww)	nousta ilmaan	[nousta ilmɑːn]
startbaan (de)	kiitorata	[kiːto·rɑtɑ]

zicht (het)	näkyvyys	[nækyʋyːs]
vlucht (de)	lento	[lento]
hoogte (de)	korkeus	[korkeus]
luchtzak (de)	ilmakuoppa	[ilmɑ·kuoppɑ]

plaats (de)	paikka	[pɑjkkɑ]
koptelefoon (de)	kuulokkeet	[kuːlokke:t]
tafeltje (het)	tarjotin	[tɑrjotin]
venster (het)	ikkuna	[ikkunɑ]
gangpad (het)	käytävä	[kæytæʋæ]

25. Trein

| trein (de) | juna | [junɑ] |
| elektrische trein (de) | sähköjuna | [sæhkø·junɑ] |

sneltrein (de)	pikajuna	[pika·juna]
diesellocomotief (de)	moottoriveturi	[moːttori·ueturi]
stoomlocomotief (de)	höyryveturi	[høyry·ueturi]

rijtuig (het)	vaunu	[uaunu]
restauratierijtuig (het)	ravintolavaunu	[rauintola·uaunu]

rails (mv.)	ratakiskot	[rata·kiskot]
spoorweg (de)	rautatie	[rauta·tie]
dwarsligger (de)	ratapölkky	[rata·pølkky]

perron (het)	asemalaituri	[asema·lajturi]
spoor (het)	raide	[rajde]
semafoor (de)	siipiopastin	[siːpi·opastin]
halte (bijv. kleine treinhalte)	asema	[asema]
machinist (de)	junankuljettaja	[yneŋ·kuljettaja]
kruier (de)	kantaja	[kantaja]
conducteur (de)	vaununhoitaja	[uaunun·hojtaja]
passagier (de)	matkustaja	[matkustaja]
controleur (de)	tarkastaja	[tarkastaja]

gang (in een trein)	käytävä	[kæytæuæ]
noodrem (de)	hätäjarru	[hætæ·jarru]

coupé (de)	vaununosasto	[uaunun·osasto]
bed (slaapplaats)	vuode	[uuode]
bovenste bed (het)	ylävuode	[ylæ·uuode]
onderste bed (het)	alavuode	[ala·uuode]
beddengoed (het)	vuodevaatteet	[uuode·uaːtteːt]
kaartje (het)	lippu	[lippu]
dienstregeling (de)	aikataulu	[ajka·taulu]
informatiebord (het)	aikataulu	[ajka·taulu]

vertrekken	lähteä	[læhteæ]
(De trein vertrekt ...)		
vertrek (ov. een trein)	lähtö	[læhtø]
aankomen (ov. de treinen)	saapua	[saːpua]
aankomst (de)	saapuminen	[saːpuminen]

aankomen per trein	tulla junalla	[tulla junalla]
in de trein stappen	nousta junaan	[nousta junaːn]
uit de trein stappen	nousta junasta	[nousta junasta]

treinwrak (het)	junaturma	[juna·turma]
ontspoord zijn	suistua raiteilta	[sujstua rajtejlta]
stoomlocomotief (de)	höyryveturi	[høyry·ueturi]
stoker (de)	lämmittäjä	[læmmittæjæ]
stookplaats (de)	tulipesä	[tulipesæ]
steenkool (de)	hiili	[hiːli]

26. Schip

schip (het)	laiva	[lajua]
vaartuig (het)	alus	[alus]

stoomboot (de)	höyrylaiva	[højry·lajʋɑ]
motorschip (het)	jokilaiva	[joki·lajʋɑ]
lijnschip (het)	risteilijä	[ristejlijæ]
kruiser (de)	risteilijä	[ristejlijæ]

jacht (het)	jahti	[jɑhti]
sleepboot (de)	hinausköysi	[hinɑus·køysi]
duwbak (de)	proomu	[proːmu]
ferryboot (de)	lautta	[lɑuttɑ]

| zeilboot (de) | purjealus | [purje·ɑlus] |
| brigantijn (de) | brigantiini | [brigɑntiːni] |

| ijsbreker (de) | jäänmurtaja | [jæːn·murtɑjɑ] |
| duikboot (de) | sukellusvene | [sukellus·ʋene] |

boot (de)	jolla	[jolla]
sloep (de)	pelastusvene	[pelɑstus·ʋene]
reddingssloep (de)	pelastusvene	[pelɑstus·ʋene]
motorboot (de)	moottorivene	[moːttori·ʋene]

kapitein (de)	kapteeni	[kɑpteːni]
zeeman (de)	matruusi	[mɑtruːsi]
matroos (de)	merimies	[merimies]
bemanning (de)	miehistö	[mæɦistø]

bootsman (de)	pursimies	[pursimies]
scheepsjongen (de)	laivapoika	[lɑjʋɑ·pojkɑ]
kok (de)	kokki	[kokki]
scheepsarts (de)	laivalääkäri	[lɑjʋɑ·læːkæri]

dek (het)	kansi	[kɑnsi]
mast (de)	masto	[mɑsto]
zeil (het)	purje	[purje]

ruim (het)	ruuma	[ruːmɑ]
voorsteven (de)	keula	[keulɑ]
achtersteven (de)	perä	[peræ]
roeispaan (de)	airo	[ɑjro]
schroef (de)	potkuri	[potkuri]

kajuit (de)	hytti	[hytti]
officierskamer (de)	upseerimessi	[upseːri·messi]
machinekamer (de)	konehuone	[kone·ɦuone]
brug (de)	komentosilta	[komento·siltɑ]
radiokamer (de)	radiohuone	[rɑdio·ɦuone]
radiogolf (de)	aalto	[ɑːlto]
logboek (het)	laivapäiväkirja	[lɑjʋɑ·pæjʋæ·kirjɑ]

verrekijker (de)	kaukoputki	[kɑuko·putki]
klok (de)	kello	[kello]
vlag (de)	lippu	[lippu]

kabel (de)	köysi	[køysi]
knoop (de)	solmu	[solmu]
leuning (de)	käsipuu	[kæsipuː]

trap (de)	laskusilta	[lɑsku·siltɑ]
anker (het)	ankkuri	[ɑŋkkuri]
het anker lichten	nostaa ankkuri	[nostɑ: ɑŋkkuri]
het anker neerlaten	heittää ankkuri	[hejttæ: ɑŋkkuri]
ankerketting (de)	ankkuriketju	[ɑŋkkuri·ketju]

haven (bijv. containerhaven)	satama	[sɑtɑmɑ]
kaai (de)	laituri	[lɑjturi]
aanleggen (ww)	kiinnittyä	[ki:nnittyæ]
wegvaren (ww)	lähteä	[læhteæ]

reis (de)	matka	[mɑtkɑ]
cruise (de)	laivamatka	[lɑjʋɑ·mɑtkɑ]
koers (de)	kurssi	[kurssi]
route (de)	reitti	[rejtti]

vaarwater (het)	väylä	[ʋæylæ]
zandbank (de)	matalikko	[mɑtɑlikko]
stranden (ww)	ajautua matalikolle	[ɑjɑutuɑ mɑtɑlikolle]

storm (de)	myrsky	[myrsky]
signaal (het)	merkki	[merkki]
zinken (ov. een boot)	upota	[upotɑ]
Man overboord!	Mies yli laidan!	[mies yli lɑjdɑn]
SOS (noodsignaal)	SOS	[sos]
reddingsboei (de)	pelastusrengas	[pelɑstus·reŋɑs]

STAD

27. Stedelijk vervoer

bus, autobus (de)	bussi	[bussi]
tram (de)	raitiovaunu	[rajtio·uaunu]
trolleybus (de)	johdinauto	[johdin·auto]
route (de)	reitti	[rejtti]
nummer (busnummer, enz.)	numero	[numero]

rijden met ...	mennä ...	[mennæ]
stappen (in de bus ~)	nousta	[nousta]
afstappen (ww)	astua ulos	[astua ulos]

halte (de)	pysäkki	[pysækki]
volgende halte (de)	seuraava pysäkki	[seura:ua pysækki]
eindpunt (het)	pääteasema	[pæ:teasema]
dienstregeling (de)	aikataulu	[ajka·taulu]
wachten (ww)	odottaa	[odotta:]

kaartje (het)	lippu	[lippu]
reiskosten (de)	kyytimaksu	[ky:ti·maksu]

kassier (de)	kassanhoitaja	[kassan·hojtaja]
kaartcontrole (de)	tarkastus	[tarkastus]
controleur (de)	tarkastaja	[tarkastaja]

te laat zijn (ww)	myöhästyä	[myøhæstyæ]
missen (de bus ~)	myöhästyä	[myøhæstyæ]
zich haasten (ww)	olla kiire	[olla ki:re]

taxi (de)	taksi	[taksi]
taxichauffeur (de)	taksinkuljettaja	[taksiŋ·kuljettaja]
met de taxi (bw)	taksilla	[taksilla]
taxistandplaats (de)	taksiasema	[taksi·asema]
een taxi bestellen	tilata taksi	[tilata taksi]
een taxi nemen	ottaa taksi	[otta: taksi]

verkeer (het)	liikenne	[li:kenne]
file (de)	ruuhka	[ru:hka]
spitsuur (het)	ruuhka-aika	[ru:hka·ajka]
parkeren (on.ww.)	pysäköidä	[pysækøjdæ]
parkeren (ov.ww.)	pysäköidä	[pysækøjdæ]
parking (de)	parkkipaikka	[parkki·pajkka]

metro (de)	metro	[metro]
halte (bijv. kleine treinhalte)	asema	[asema]
de metro nemen	mennä metrolla	[mennæ metrolla]
trein (de)	juna	[juna]
station (treinstation)	rautatieasema	[rautatie·asema]

28. Stad. Het leven in de stad

stad (de)	kaupunki	[kɑupuŋki]
hoofdstad (de)	pääkaupunki	[pæ:kɑupuŋki]
dorp (het)	kylä	[kylæ]

plattegrond (de)	asemakaava	[ɑsema·kɑ:ʋɑ]
centrum (ov. een stad)	keskusta	[keskustɑ]
voorstad (de)	esikaupunki	[esikɑupuŋki]
voorstads- (abn)	esikaupunki-	[esikɑupuŋki]

randgemeente (de)	laitakaupunginosa	[lɑjtɑ·kɑupunginosɑ]
omgeving (de)	ympäristö	[ympæristø]
blok (huizenblok)	kortteli	[kortteli]
woonwijk (de)	asuinkortteli	[ɑsujŋ·kortteli]

verkeer (het)	liikenne	[li:kenne]
verkeerslicht (het)	liikennevalot	[li:kenne·ʋɑlot]
openbaar vervoer (het)	julkiset kulkuvälineet	[julkiset kulkuʋæline:t]
kruispunt (het)	risteys	[risteys]

zebrapad (oversteekplaats)	suojatie	[suojɑtæ]
onderdoorgang (de)	alikäytävä	[ɑli·kæytæʋæ]
oversteken (de straat ~)	ylittää	[ylittæ:]
voetganger (de)	jalankulkija	[jɑlɑŋkulkijɑ]
trottoir (het)	jalkakäytävä	[jɑlkɑ·kæytæʋæ]

brug (de)	silta	[siltɑ]
dijk (de)	rantakatu	[rɑntɑ·kɑtu]
fontein (de)	suihkulähde	[sujhku·læhde]

allee (de)	lehtikuja	[lehti·kujɑ]
park (het)	puisto	[pujsto]
boulevard (de)	bulevardi	[buleʋɑrdi]
plein (het)	aukio	[ɑukio]
laan (de)	valtakatu	[ʋɑltɑ·kɑtu]
straat (de)	katu	[kɑtu]
zijstraat (de)	kuja	[kujɑ]
doodlopende straat (de)	umpikuja	[umpikujɑ]

huis (het)	talo	[tɑlo]
gebouw (het)	rakennus	[rɑkennus]
wolkenkrabber (de)	pilvenpiirtäjä	[pilʋen·pi:rtæjæ]

gevel (de)	julkisivu	[julki·siʋu]
dak (het)	katto	[kɑtto]
venster (het)	ikkuna	[ikkunɑ]
boog (de)	kaari	[kɑ:ri]
pilaar (de)	pylväs	[pylʋæs]
hoek (ov. een gebouw)	kulma	[kulmɑ]

vitrine (de)	näyteikkuna	[næyte·ikkunɑ]
gevelreclame (de)	kauppakyltti	[kɑuppɑ·kyltti]
affiche (de/het)	juliste	[juliste]
reclameposter (de)	mainosjuliste	[mɑjnos·juliste]

aanplakbord (het)	mainoskilpi	[majnos·kilpi]
vuilnis (de/het)	jäte	[jæte]
vuilnisbak (de)	roskis	[roskis]
afval weggooien (ww)	roskata	[roskata]
stortplaats (de)	kaatopaikka	[ka:to·pajkka]

telefooncel (de)	puhelinkoppi	[puɦeliŋ·koppi]
straatlicht (het)	lyhtypylväs	[lyhty·pyluæs]
bank (de)	penkki	[peŋkki]

politieagent (de)	poliisi	[poli:si]
politie (de)	poliisi	[poli:si]
zwerver (de)	kerjäläinen	[kerjælæjnen]
dakloze (de)	koditon	[koditon]

29. Stedelijke instellingen

winkel (de)	kauppa	[kauppa]
apotheek (de)	apteekki	[apte:kki]
optiek (de)	optiikka	[opti:kka]
winkelcentrum (het)	kauppakeskus	[kauppa·keskus]
supermarkt (de)	supermarketti	[super·marketti]

bakkerij (de)	leipäkauppa	[lejpæ·kauppa]
bakker (de)	leipuri	[lejpuri]
banketbakkerij (de)	konditoria	[konditoria]
kruidenier (de)	sekatavarakauppa	[sekatauara·kauppa]
slagerij (de)	lihakauppa	[liɦa·kauppa]

| groentewinkel (de) | vihanneskauppa | [uiɦannes·kauppa] |
| markt (de) | kauppatori | [kauppa·tori] |

koffiehuis (het)	kahvila	[kahuila]
restaurant (het)	ravintola	[rauintola]
bar (de)	pubi	[pubi]
pizzeria (de)	pizzeria	[pitseria]

kapperssalon (de/het)	parturinliike	[parturin·li:ke]
postkantoor (het)	posti	[posti]
stomerij (de)	kemiallinen pesu	[kemiallinen pesu]
fotostudio (de)	valokuvastudio	[ualokuua·studio]

schoenwinkel (de)	kenkäkauppa	[keŋkæ·kauppa]
boekhandel (de)	kirjakauppa	[kirja·kauppa]
sportwinkel (de)	urheilukauppa	[urhejlu·kauppa]

kledingreparatie (de)	vaatteiden korjaus	[ua:ttejden korjaus]
kledingverhuur (de)	vaate vuokralle	[ua:te uuokralle]
videotheek (de)	elokuvien vuokra	[elokuuien uuokra]

circus (de/het)	sirkus	[sirkus]
dierentuin (de)	eläintarha	[elæjn·tarha]
bioscoop (de)	elokuvateatteri	[elokuua·teatteri]
museum (het)	museo	[museo]

bibliotheek (de)	kirjasto	[kirjasto]
theater (het)	teatteri	[teatteri]
opera (de)	ooppera	[o:ppera]
nachtclub (de)	yökerho	[yø·kerho]
casino (het)	kasino	[kasino]

moskee (de)	moskeija	[moskeja]
synagoge (de)	synagoga	[synagoga]
kathedraal (de)	tuomiokirkko	[tuomio·kirkko]
tempel (de)	temppeli	[temppeli]
kerk (de)	kirkko	[kirkko]

instituut (het)	instituutti	[institu:tti]
universiteit (de)	yliopisto	[yli·opisto]
school (de)	koulu	[koulu]

gemeentehuis (het)	prefektuuri	[prefektu:ri]
stadhuis (het)	kaupunginhallitus	[kaupuŋin·hallitus]
hotel (het)	hotelli	[hotelli]
bank (de)	pankki	[paŋkki]

ambassade (de)	suurlähetystö	[su:r·læɦetystø]
reisbureau (het)	matkatoimisto	[matka·tojmisto]
informatieloket (het)	neuvontatoimisto	[neuʋonta·tojmisto]
wisselkantoor (het)	valuutanvaihtotoimisto	[ʋalu:tan·ʋajhto·tojmisto]

| metro (de) | metro | [metro] |
| ziekenhuis (het) | sairaala | [sajra:la] |

| benzinestation (het) | bensiiniasema | [bensi:ni·asema] |
| parking (de) | parkkipaikka | [parkki·pajkka] |

30. Borden

gevelreclame (de)	kauppakyltti	[kauppa·kyltti]
opschrift (het)	kyltti	[kyltti]
poster (de)	juliste, plakaatti	[juliste], [plaka:tti]
wegwijzer (de)	osoitin	[osojtin]
pijl (de)	nuoli	[nuoli]

waarschuwing (verwittiging)	varoitus	[ʋarojtus]
waarschuwingsbord (het)	varoitus	[ʋarojtus]
waarschuwen (ww)	varoittaa	[ʋarojtta:]

vrije dag (de)	vapaapäivä	[ʋapa:pæjʋæ]
dienstregeling (de)	aikataulu	[ajka·taulu]
openingsuren (mv.)	aukioloaika	[aukiolo·ajka]

WELKOM!	TERVETULOA!	[terʋetuloa]
INGANG	SISÄÄN	[sisæ:n]
UITGANG	ULOS	[ulos]

| DUWEN | TYÖNNÄ | [työnnæ] |
| TREKKEN | VEDÄ | [ʋedæ] |

OPEN	AUKI	[auki]
GESLOTEN	KIINNI	[ki:nni]

DAMES	NAISET	[najset]
HEREN	MIEHET	[miehet]

KORTING	ALE	[ale]
UITVERKOOP	ALENNUSMYYNTI	[alennus·my:nti]
NIEUW!	UUTUUS!	[u:tu:s]
GRATIS	ILMAISEKSI	[ilmajseksi]

PAS OP!	HUOMIO!	[huomio]
VOLGEBOEKT	EI OLE TILAA	[ej ole tila:]
GERESERVEERD	VARATTU	[varattu]

ADMINISTRATIE	HALLINTO	[hallinto]
ALLEEN VOOR PERSONEEL	VAIN HENKILÖKUNNALLE	[vajn heŋkilø·kunnalle]

GEVAARLIJKE HOND	VARO KOIRAA!	[varo kojra:]
VERBODEN TE ROKEN!	TUPAKOINTI KIELLETTY	[tupakojnti kielletty]
NIET AANRAKEN!	EI SAA KOSKEA!	[ej sa: koskea]

GEVAARLIJK	VAARA	[va:ra]
GEVAAR	HENGENVAARA	[heŋenva:ra]
HOOGSPANNING	SUURJÄNNITE	[su:rjænnite]
VERBODEN TE ZWEMMEN	UIMINEN KIELLETTY	[ujminen kielletty]
BUITEN GEBRUIK	EI TOIMI	[ej tojmi]

ONTVLAMBAAR	SYTTYVÄ	[syttyvæ]
VERBODEN	KIELLETTY	[kielletty]
DOORGANG VERBODEN	LÄPIKULKU KIELLETTY	[læpikulku kielletty]
OPGELET PAS GEVERFD	ON MAALATTU	[on ma:lattu]

31. Winkelen

kopen (ww)	ostaa	[osta:]
aankoop (de)	ostos	[ostos]
winkelen (ww)	käydä ostoksilla	[kæydæ ostoksilla]
winkelen (het)	shoppailu	[ʃoppajlu]

open zijn (ov. een winkel, enz.)	toimia	[tojmia]
gesloten zijn (ww)	olla kiinni	[olla ki:nni]

schoeisel (het)	jalkineet	[jalkine:t]
kleren (mv.)	vaatteet	[va:tte:t]
cosmetica (mv.)	kosmetiikka	[kosmeti:kka]
voedingswaren (mv.)	ruokatavarat	[ruoka·tavarat]
geschenk (het)	lahja	[lahja]

verkoper (de)	myyjä	[my:jæ]
verkoopster (de)	myyjätär	[my:jætær]
kassa (de)	kassa	[kassa]

spiegel (de)	**peili**	[pejli]
toonbank (de)	**tiski**	[tiski]
paskamer (de)	**sovitushuone**	[souitus·huone]
aanpassen (ww)	**sovittaa**	[souittɑ:]
passen (ov. kleren)	**sopia**	[sopiɑ]
bevallen (prettig vinden)	**pitää, tykätä**	[pitæ:], [tykætæ]
prijs (de)	**hinta**	[hintɑ]
prijskaartje (het)	**hintalappu**	[hintɑ·lɑppu]
kosten (ww)	**maksaa**	[mɑksɑ:]
Hoeveel?	**Kuinka paljon?**	[kujŋkɑ pɑljon]
korting (de)	**alennus**	[ɑlennus]
niet duur (bn)	**halpa**	[hɑlpɑ]
goedkoop (bn)	**halpa**	[hɑlpɑ]
duur (bn)	**kallis**	[kɑllis]
Dat is duur.	**Se on kallista**	[se on kɑllistɑ]
verhuur (de)	**vuokra**	[uuokrɑ]
huren (smoking, enz.)	**vuokrata**	[uuokrɑtɑ]
krediet (het)	**luotto**	[luotto]
op krediet (bw)	**luotolla**	[luotollɑ]

KLEDING EN ACCESSOIRES

32. Bovenkleding. Jassen

kleren (mv.)	vaatteet	[ʋɑ:tte:t]
bovenkleding (de)	päällysvaatteet	[pæ:llys·ʋɑ:tte:t]
winterkleding (de)	talvivaatteet	[talʋi·ʋɑ:tte:t]

jas (de)	takki	[tɑkki]
bontjas (de)	turkki	[turkki]
bontjasje (het)	puoliturkki	[puoli·turkki]
donzen jas (de)	untuvatakki	[untuʋɑ·tɑkki]

jasje (bijv. een leren ~)	takki	[tɑkki]
regenjas (de)	sadetakki	[sɑde·tɑkki]
waterdicht (bn)	vedenpitävä	[ʋeden·pitæʋæ]

33. Heren & dames kleding

overhemd (het)	paita	[pɑjtɑ]
broek (de)	housut	[housut]
jeans (de)	farkut	[fɑrkut]
colbert (de)	pikkutakki	[pikku·tɑkki]
kostuum (het)	puku	[puku]

jurk (de)	leninki	[leniŋki]
rok (de)	hame	[hɑme]
blouse (de)	pusero	[pusero]
wollen vest (de)	villapusero	[ʋillɑ·pusero]
blazer (kort jasje)	jakku	[jɑkku]

T-shirt (het)	T-paita	[te·pɑjtɑ]
shorts (mv.)	shortsit, sortsit	[sortsit]
trainingspak (het)	urheilupuku	[urhejlu·puku]
badjas (de)	kylpytakki	[kylpy·tɑkki]
pyjama (de)	pyjama	[pyjɑmɑ]

| sweater (de) | villapaita | [ʋillɑ·pɑjtɑ] |
| pullover (de) | neulepusero | [neule·pusero] |

gilet (het)	liivi	[li:ʋi]
rokkostuum (het)	frakki	[frɑkki]
smoking (de)	smokki	[smokki]

uniform (het)	univormu	[uniʋormu]
werkkleding (de)	työvaatteet	[tyø·ʋɑ:tte:t]
overall (de)	haalari	[hɑ:lɑri]
doktersjas (de)	lääkärintakki	[læ:kærin·tɑkki]

34. Kleding. Ondergoed

ondergoed (het)	alusvaatteet	[alus·ʋɑ:tte:t]
herenslip (de)	bokserit	[bokserit]
slipjes (mv.)	pikkuhousut	[pikku·housut]
onderhemd (het)	aluspaita	[alus·pajta]
sokken (mv.)	sukat	[sukat]
nachthemd (het)	yöpuku	[yøpuku]
beha (de)	rintaliivit	[rinta·li:ʋit]
kniekousen (mv.)	polvisukat	[polʋi·sukat]
panty (de)	sukkahousut	[sukka·housut]
nylonkousen (mv.)	sukat	[sukat]
badpak (het)	uimapuku	[ujma·puku]

35. Hoofddeksels

hoed (de)	hattu	[hattu]
deukhoed (de)	fedora-hattu	[fedora·hattu]
honkbalpet (de)	lippalakki	[lippa·lakki]
kleppet (de)	lakki	[lakki]
baret (de)	baskeri	[baskeri]
kap (de)	huppu	[huppu]
panamahoed (de)	panamahattu	[panama·hattu]
gebreide muts (de)	pipo	[pipo]
hoofddoek (de)	huivi	[huiʋi]
dameshoed (de)	naisten hattu	[najsten hattu]
veiligheidshelm (de)	suojakypärä	[suoja·kypæræ]
veldmuts (de)	suikka	[suikka]
helm, valhelm (de)	kypärä	[kypæræ]
bolhoed (de)	knalli	[knalli]
hoge hoed (de)	silinterihattu	[silinteri·hattu]

36. Schoeisel

schoeisel (het)	jalkineet	[jalkine:t]
schoenen (mv.)	varsikengät	[ʋarsikeŋæt]
vrouwenschoenen (mv.)	naisten kengät	[najsten keŋæt]
laarzen (mv.)	saappaat	[sa:ppa:t]
pantoffels (mv.)	tossut	[tossut]
sportschoenen (mv.)	lenkkitossut	[leŋkki·tossut]
sneakers (mv.)	lenkkarit	[leŋkkarit]
sandalen (mv.)	sandaalit	[sanda:lit]
schoenlapper (de)	suutari	[su:tari]
hiel (de)	korko	[korko]

paar (een ~ schoenen)	pari	[pɑri]
veter (de)	nauha	[nɑuhɑ]
rijgen (schoenen ~)	sitoa kengännauhat	[sitoɑ keŋænnɑuhɑt]
schoenlepel (de)	kenkälusikka	[keŋkæ·lusikkɑ]
schoensmeer (de/het)	kenkävoide	[keŋkæ·ʋojde]

37. Persoonlijke accessoires

handschoenen (mv.)	käsineet	[kæsine:t]
wanten (mv.)	lapaset	[lɑpɑset]
sjaal (fleece ~)	kaulaliina	[kɑulɑ·li:nɑ]

bril (de)	silmälasit	[silmæ·lɑsit]
brilmontuur (het)	kehys	[kehys]
paraplu (de)	sateenvarjo	[sɑte:n·ʋɑrjo]
wandelstok (de)	kävelykeppi	[kæʋely·keppi]
haarborstel (de)	hiusharja	[hius·hɑrjɑ]
waaier (de)	viuhka	[ʋiuhkɑ]

das (de)	solmio	[solmio]
strikje (het)	rusetti	[rusetti]
bretels (mv.)	henkselit	[heŋkselit]
zakdoek (de)	nenäliina	[nenæ·li:nɑ]

kam (de)	kampa	[kɑmpɑ]
haarspeldje (het)	hiussolki	[hius·solki]
schuifspeldje (het)	hiusneula	[hius·neulɑ]
gesp (de)	solki	[solki]

broekriem (de)	vyö	[ʋyø]
draagriem (de)	hihna	[hihnɑ]

handtas (de)	laukku	[lɑukku]
damestas (de)	käsilaukku	[kæsi·lɑukku]
rugzak (de)	reppu	[reppu]

38. Kleding. Diversen

mode (de)	muoti	[muoti]
de mode (bn)	muodikas	[muodikɑs]
kledingstilist (de)	mallisuunnittelija	[mɑlli·su:nnittelijɑ]

kraag (de)	kaulus	[kɑulus]
zak (de)	tasku	[tɑsku]
zak- (abn)	tasku-	[tɑsku]
mouw (de)	hiha	[hihɑ]
lusje (het)	raksi	[rɑksi]
gulp (de)	halkio	[hɑlkio]

rits (de)	vetoketju	[ʋeto·ketju]
sluiting (de)	kiinnitin	[ki:nnitin]
knoop (de)	nappi	[nɑppi]

| knoopsgat (het) | napinläpi | [napin·læpi] |
| losraken (bijv. knopen) | irrota | [irrota] |

naaien (kleren, enz.)	ommella	[ommella]
borduren (ww)	kirjoa	[kirjoa]
borduursel (het)	kirjonta	[kirjonta]
naald (de)	neula	[neula]
draad (de)	lanka	[laŋka]
naad (de)	sauma	[sauma]

vies worden (ww)	tahraantua	[tahra:ntua]
vlek (de)	tahra	[tahra]
gekreukt raken (ov. kleren)	rypistyä	[rypistyæ]
scheuren (ov.ww.)	repiä	[repiæ]
mot (de)	koi	[koj]

39. Persoonlijke verzorging. Schoonheidsmiddelen

tandpasta (de)	hammastahna	[hammas·tahna]
tandenborstel (de)	hammasharja	[hammas·harja]
tanden poetsen (ww)	harjata hampaita	[harjata hampajta]

scheermes (het)	partahöylä	[parta·høylæ]
scheerschuim (het)	partavaahdoke	[parta·ʋa:hdoke]
zich scheren (ww)	ajaa parta	[aja: parta]

| zeep (de) | saippua | [sajppua] |
| shampoo (de) | sampoo | [sampo:] |

schaar (de)	sakset	[sakset]
nagelvijl (de)	kynsiviila	[kynsi·ʋi:la]
nagelknipper (de)	kynsileikkuri	[kynsi·lejkkuri]
pincet (het)	pinsetit	[pinsetit]

cosmetica (mv.)	meikki	[mejkki]
masker (het)	kasvonaamio	[kasʋo·na:mio]
manicure (de)	manikyyri	[maniky:ri]
manicure doen	hoitaa kynsiä	[hojta: kynsiæ]
pedicure (de)	jalkahoito	[jalka·hojto]

cosmetica tasje (het)	meikkipussi	[mejkki·pussi]
poeder (de/het)	puuteri	[pu:teri]
poederdoos (de)	puuterirasia	[pu:teri·rasia]
rouge (de)	poskipuna	[poski·puna]

parfum (de/het)	parfyymi	[parfy:mi]
eau de toilet (de)	eau de toilette, hajuvesi	[o·de·tualet], [haju·ʋesi]
lotion (de)	kasvovesi	[kasʋo·ʋesi]
eau de cologne (de)	kölninvesi	[kølnin·ʋesi]

oogschaduw (de)	luomiväri	[luomi·ʋæri]
oogpotlood (het)	rajauskynä	[rajaus·kynæ]
mascara (de)	ripsiväri	[ripsi·ʋæri]
lippenstift (de)	huulipuna	[hu:li·puna]

nagellak (de)	kynsilakka	[kynsi·lakka]
haarlak (de)	hiuslakka	[hius·lakka]
deodorant (de)	deodorantti	[deodorantti]

crème (de)	voide	[ʋojde]
gezichtscrème (de)	kasvovoide	[kasʋo·ʋojde]
handcrème (de)	käsivoide	[kæsi·ʋojde]
antirimpelcrème (de)	ryppyvoide	[ryppy·ʋojde]
dagcrème (de)	päivävoide	[pæjʋæ·ʋojde]
nachtcrème (de)	yövoide	[yø·ʋojde]
dag- (abn)	päivä-	[pæjʋæ]
nacht- (abn)	yö-	[yø]

tampon (de)	tamponi	[tamponi]
toiletpapier (het)	vessapaperi	[ʋessa·paperi]
föhn (de)	hiustenkuivaaja	[hiusteŋ·kujʋa:ja]

40. Horloges. Klokken

polshorloge (het)	rannekello	[ranne·kello]
wijzerplaat (de)	kellotaulu	[kello·taulu]
wijzer (de)	osoitin	[osojtin]
metalen horlogeband (de)	metalliranneke	[metalli·ranneke]
horlogebandje (het)	ranneke	[ranneke]

batterij (de)	paristo	[paristo]
leeg zijn (ww)	olla tyhjä	[olla tyhjæ]
batterij vervangen	vaihtaa paristo	[ʋajhta: paristo]
voorlopen (ww)	edistää	[edistæ:]
achterlopen (ww)	jätättää	[ætæettæ:]

wandklok (de)	seinäkello	[sejnæ·kello]
zandloper (de)	tiimalasi	[ti:malasi]
zonnewijzer (de)	aurinkokello	[auriŋko·kello]
wekker (de)	herätyskello	[herætys·kello]
horlogemaker (de)	kelloseppä	[kello·seppæ]
repareren (ww)	korjata	[korjata]

ALLEDAAGSE ERVARING

41. Geld

geld (het)	raha, rahat	[raɦa], [raɦat]
ruil (de)	valuutanvaihto	[ʋalu:tan·ʋajhto]
koers (de)	kurssi	[kurssi]
geldautomaat (de)	pankkiautomaatti	[paŋkki·automa:tti]
muntstuk (de)	kolikko	[kolikko]
dollar (de)	dollari	[dollari]
euro (de)	euro	[euro]
lire (de)	liira	[li:ra]
Duitse mark (de)	markka	[markka]
frank (de)	frangi	[fraŋi]
pond sterling (het)	punta	[punta]
yen (de)	jeni	[jeni]
schuld (geldbedrag)	velka	[ʋelka]
schuldenaar (de)	velallinen	[ʋelallinen]
uitlenen (ww)	lainata jollekulle	[lajnata jolekulle]
lenen (geld ~)	lainata joltakulta	[lajnata joltakulta]
bank (de)	pankki	[paŋkki]
bankrekening (de)	tili	[tili]
storten (ww)	tallettaa	[talletta:]
op rekening storten	tallettaa rahaa tilille	[talletta: raɦa: tilille]
opnemen (ww)	nostaa rahaa tililtä	[nosta: raɦa: tililta]
kredietkaart (de)	luottokortti	[luotto·kortti]
baar geld (het)	käteinen	[kætejnen]
cheque (de)	sekki	[sekki]
een cheque uitschrijven	kirjoittaa shekki	[kirjoitta: ʃekki]
chequeboekje (het)	sekkivihko	[sekki·ʋihko]
portefeuille (de)	lompakko	[lompakko]
geldbeugel (de)	kukkaro	[kukkaro]
safe (de)	kassakaappi	[kassa·ka:ppi]
erfgenaam (de)	perillinen	[perillinen]
erfenis (de)	perintö	[perintø]
fortuin (het)	varallisuus	[ʋarallisu:s]
huur (de)	vuokraus	[ʋuokraus]
huurprijs (de)	asuntovuokra	[asunto·ʋuokra]
huren (huis, kamer)	vuokrata	[ʋuokrata]
prijs (de)	hinta	[hinta]
kostprijs (de)	hinta	[hinta]

som (de)	summa	[summa]
uitgeven (geld besteden)	kuluttaa	[kulutta:]
kosten (mv.)	kulut	[kulut]
bezuinigen (ww)	säästäväisesti	[sæ:stæʋæjsesti]
zuinig (bn)	säästäväinen	[sæ:stæʋæjnen]

betalen (ww)	maksaa	[maksa:]
betaling (de)	maksu	[maksu]
wisselgeld (het)	vaihtoraha	[ʋajhto·raha]

belasting (de)	vero	[ʋero]
boete (de)	sakko	[sakko]
beboeten (bekeuren)	sakottaa	[sakotta:]

42. Post. Postkantoor

postkantoor (het)	posti	[posti]
post (de)	posti	[posti]
postbode (de)	postinkantaja	[postiŋ·kantaja]
openingsuren (mv.)	virka-aika	[ʋirka·ajka]

brief (de)	kirje	[kirje]
aangetekende brief (de)	kirjattu kirje	[kirjattu kirje]
briefkaart (de)	postikortti	[posti·kortti]
telegram (het)	sähke	[sæhke]
postpakket (het)	paketti	[paketti]
overschrijving (de)	rahalähetys	[raha·læhetys]

ontvangen (ww)	vastaanottaa	[ʋasta:notta:]
sturen (zenden)	lähettää	[læhettæ:]
verzending (de)	lähettäminen	[læhettæminen]
adres (het)	osoite	[osojte]
postcode (de)	postinumero	[posti·numero]
verzender (de)	lähettäjä	[læhettæjæ]
ontvanger (de)	saaja, vastaanottaja	[sa:ja], [ʋasta:nottaja]

naam (de)	nimi	[nimi]
achternaam (de)	sukunimi	[suku·nimi]
tarief (het)	hinta, tariffi	[hinta], [tariffi]
standaard (bn)	tavallinen	[taʋallinen]
zuinig (bn)	edullinen	[edullinen]

gewicht (het)	paino	[pajno]
afwegen (op de weegschaal)	punnita	[punnita]
envelop (de)	kirjekuori	[kirje·kuori]
postzegel (de)	postimerkki	[posti·merkki]
een postzegel plakken op	liimata postimerkki	[li:mata posti·merkki]

43. Bankieren

| bank (de) | pankki | [paŋkki] |
| bankfiliaal (het) | osasto | [osasto] |

bankbediende (de)	neuvoja	[neuʋoja]
manager (de)	johtaja	[johtaja]

bankrekening (de)	tili	[tili]
rekeningnummer (het)	tilinumero	[tili·numero]
lopende rekening (de)	käyttötili	[kæyttø·tili]
spaarrekening (de)	säästötili	[sæ:stø·tili]

een rekening openen	avata tili	[aʋata tili]
de rekening sluiten	kuolettaa tili	[kuoletta: tili]
op rekening storten	tallettaa rahaa tilille	[talletta: raha: tilille]
opnemen (ww)	nostaa rahaa tililtä	[nosta: raha: tililta]

storting (de)	talletus	[talletus]
een storting maken	tallettaa	[talletta:]
overschrijving (de)	rahansiirto	[rahan·si:rto]
een overschrijving maken	siirtää	[si:rtæ:]

som (de)	summa	[summa]
Hoeveel?	paljonko	[paljoŋko]

handtekening (de)	allekirjoitus	[alle·kirjoitus]
ondertekenen (ww)	allekirjoittaa	[allekirjoitta:]

kredietkaart (de)	luottokortti	[luotto·kortti]
code (de)	koodi	[ko:di]
kredietkaartnummer (het)	luottokortin numero	[luotto·kortin numero]
geldautomaat (de)	pankkiautomaatti	[paŋkki·automa:tti]

cheque (de)	sekki	[sekki]
een cheque uitschrijven	kirjoittaa sekki	[kirjoitta: sekki]
chequeboekje (het)	sekkivihko	[sekki·ʋihko]

lening, krediet (de)	laina	[lajna]
een lening aanvragen	hakea lainaa	[hakea lajna:]
een lening nemen	saada lainaa	[sa:da lajna:]
een lening verlenen	antaa lainaa	[anta: lajna:]
garantie (de)	takuu	[taku:]

44. Telefoon. Telefoongesprek

telefoon (de)	puhelin	[puħelin]
mobieltje (het)	matkapuhelin	[matka·puħelin]
antwoordapparaat (het)	puhelinvastaaja	[puħelin·ʋasta:ja]

bellen (ww)	soittaa	[sojtta:]
belletje (telefoontje)	soitto, puhelu	[sojtto], [puħelu]

een nummer draaien	valita numero	[ʋalita numero]
Hallo!	Hei!	[hej]
vragen (ww)	kysyä	[kysyæ]
antwoorden (ww)	vastata	[ʋastata]
horen (ww)	kuulla	[ku:lla]
goed (bw)	hyvin	[hyʋin]

| slecht (bw) | huonosti | [huonosti] |
| storingen (mv.) | häiriöt | [hæjriøt] |

hoorn (de)	kuuloke	[ku:loke]
opnemen (ww)	nostaa luuri	[nosta: lu:ri]
ophangen (ww)	lopettaa puhelu	[lopetta: puhelu]

bezet (bn)	varattu	[vɑrɑttu]
overgaan (ww)	soittaa	[sojtta:]
telefoonboek (het)	puhelinluettelo	[puhelin·luettelo]

lokaal (bn)	paikallis-	[pɑjkɑllis]
lokaal gesprek (het)	paikallispuhelu	[pɑjkɑllis·puhelu]
interlokaal (bn)	kauko-	[kɑuko]
interlokaal gesprek (het)	kaukopuhelu	[kɑuko·puhelu]
buitenlands (bn)	ulkomaa	[ulkoma:]
buitenlands gesprek (het)	ulkomaanpuhelu	[ulkoma:n·puhelu]

45. Mobiele telefoon

mobieltje (het)	matkapuhelin	[matka·puhelin]
scherm (het)	näyttö	[næyttø]
toets, knop (de)	näppäin	[næppæjn]
simkaart (de)	SIM-kortti	[sim·kortti]

batterij (de)	paristo	[paristo]
leeg zijn (ww)	olla tyhjä	[olla tyhjæ]
acculader (de)	laturi	[laturi]

menu (het)	valikko	[vɑlikko]
instellingen (mv.)	asetukset	[asetukset]
melodie (beltoon)	melodia	[melodia]
selecteren (ww)	valita	[vɑlita]

rekenmachine (de)	laskin	[laskin]
voicemail (de)	puhelinvastaaja	[puhelin·vasta:ja]
wekker (de)	herätyskello	[herætys·kello]
contacten (mv.)	puhelinluettelo	[puhelin·luettelo]

| SMS-bericht (het) | tekstiviesti | [teksti·viesti] |
| abonnee (de) | tilaaja | [tila:ja] |

46. Schrijfbehoeften

| balpen (de) | täytekynä | [tæyte·kynæ] |
| vulpen (de) | sulkakynä | [sulka·kynæ] |

potlood (het)	lyijykynä	[lyjy·kynæ]
marker (de)	korostuskynä	[korostus·kynæ]
viltstift (de)	huopakynä	[huopa·kynæ]
notitieboekje (het)	lehtiö	[lehtiø]
agenda (boekje)	päiväkirja	[pæjuæ·kirja]

51

liniaal (de/het)	viivoitin	[ʋi:ʋojtin]
rekenmachine (de)	laskin	[laskin]
gom (de)	kumi	[kumi]
punaise (de)	nasta	[nɑsta]
paperclip (de)	paperiliitin	[paperi·li:tin]
lijm (de)	liima	[li:ma]
nietmachine (de)	nitoja	[nitoja]
perforator (de)	rei'itin	[rej·itin]
potloodslijper (de)	teroitin	[terojtin]

47. Vreemde talen

taal (de)	kieli	[kieli]
vreemd (bn)	vieras	[ʋieras]
vreemde taal (de)	vieras kieli	[ʋieras kieli]
leren (bijv. van buiten ~)	opiskella	[opiskella]
studeren (Nederlands ~)	opetella	[opetella]
lezen (ww)	lukea	[lukea]
spreken (ww)	puhua	[puɦua]
begrijpen (ww)	ymmärtää	[ymmærtæ:]
schrijven (ww)	kirjoittaa	[kirjoitta:]
snel (bw)	nopeasti	[nopeasti]
langzaam (bw)	hitaasti	[hitɑ:sti]
vloeiend (bw)	sujuvasti	[sujuʋasti]
regels (mv.)	säännöt	[sæ:nnøt]
grammatica (de)	kielioppi	[kieli·oppi]
vocabulaire (het)	sanasto	[sanasto]
fonetiek (de)	fonetiikka	[foneti:kka]
leerboek (het)	oppikirja	[oppi·kirja]
woordenboek (het)	sanakirja	[sana·kirja]
leerboek (het) voor zelfstudie	itseopiskeluopas	[itseopiskelu·opas]
taalgids (de)	fraasisanakirja	[frɑ:si·sana·kirja]
cassette (de)	kasetti	[kasetti]
videocassette (de)	videokasetti	[ʋideo·kasetti]
CD (de)	CD-levy	[sede·leʋy]
DVD (de)	DVD-levy	[deʋede·leʋy]
alfabet (het)	aakkoset	[a:kkoset]
spellen (ww)	kirjoittaa	[kirjoitta:]
uitspraak (de)	artikulaatio	[artikulɑ:tio]
accent (het)	korostus	[korostus]
met een accent (bw)	vieraasti korostaen	[ʋierɑ:sti korostaen]
zonder accent (bw)	ilman korostusta	[ilman korostusta]
woord (het)	sana	[sana]
betekenis (de)	merkitys	[merkitys]
cursus (de)	kurssi	[kurssi]

zich inschrijven (ww)	ilmoittautua	[ilmojttautua]
leraar (de)	opettaja	[opettaja]
vertaling (een ~ maken)	kääntäminen	[kæ:ntæminen]
vertaling (tekst)	käännös	[kæ:nnøs]
vertaler (de)	kääntäjä	[kæ:ntæjæ]
tolk (de)	tulkki	[tulkki]
polyglot (de)	monikielinen	[moni·kielinen]
geheugen (het)	muisti	[mujsti]

MAALTIJDEN. RESTAURANT

48. Tafelschikking

lepel (de)	lusikka	[lusikka]
mes (het)	veitsi	[vejtsi]
vork (de)	haarukka	[hɑ:rukka]
kopje (het)	kuppi	[kuppi]
bord (het)	lautanen	[lautanen]
schoteltje (het)	teevati	[te:vati]
servet (het)	lautasliina	[lautas·li:na]
tandenstoker (de)	hammastikku	[hammas·tikku]

49. Restaurant

restaurant (het)	ravintola	[ravintola]
koffiehuis (het)	kahvila	[kahvila]
bar (de)	baari	[bɑ:ri]
tearoom (de)	teehuone	[te:huone]
kelner, ober (de)	tarjoilija	[tarjoilija]
serveerster (de)	tarjoilijatar	[tarjoilijatar]
barman (de)	baarimestari	[bɑ:ri·mestari]
menu (het)	ruokalista	[ruoka·lista]
wijnkaart (de)	viinilista	[vi:ni·lista]
een tafel reserveren	varata pöytä	[varata pøytæ]
gerecht (het)	ruokalaji	[ruoka·laji]
bestellen (eten ~)	tilata	[tilata]
een bestelling maken	tilata	[tilata]
aperitief (de/het)	aperitiivi	[aperiti:vi]
voorgerecht (het)	alkupala	[alku·pala]
dessert (het)	jälkiruoka	[jælki·ruoka]
rekening (de)	lasku	[lasku]
de rekening betalen	maksaa lasku	[maksa: lasku]
wisselgeld teruggeven	antaa vaihtorahaa	[anta: vajhtoraha:]
fooi (de)	juomaraha	[juoma·raha]

50. Maaltijden

eten (het)	ruoka	[ruoka]
eten (ww)	syödä	[syødæ]

ontbijt (het)	aamiainen	[ɑ:miɑjnen]
ontbijten (ww)	syödä aamiaista	[syⱷdæ ɑ:miɑjstɑ]
lunch (de)	lounas	[lounɑs]
lunchen (ww)	syödä lounasta	[syⱷdæ lounɑstɑ]
avondeten (het)	illallinen	[illɑllinen]
souperen (ww)	syödä illallista	[syⱷdæ illɑllistɑ]

| eetlust (de) | ruokahalu | [ruokɑ·hɑlu] |
| Eet smakelijk! | Hyvää ruokahalua! | [hyʋæ: ruokɑɦɑluɑ] |

openen (een fles ~)	avata	[aʋɑtɑ]
morsen (koffie, enz.)	läikyttää	[læjkyttæ:]
zijn gemorst	läikkyä	[læjkkyæ]

koken (water kookt bij 100°C)	kiehua	[kieɦuɑ]
koken (Hoe om water te ~)	keittää	[kejttæ:]
gekookt (~ water)	keitetty	[kejtetty]
afkoelen (koeler maken)	jäähdyttää	[jæ:hdyttæ:]
afkoelen (koeler worden)	jäähtyä	[jæ:htyæ]

| smaak (de) | maku | [mɑku] |
| nasmaak (de) | sivumaku | [siʋu·mɑku] |

volgen een dieet	olla dieetillä	[ollɑ die:tilæ]
dieet (het)	dieetti	[die:ti]
vitamine (de)	vitamiini	[ʋitɑmi:ni]
calorie (de)	kalori	[kɑlori]
vegetariër (de)	kasvissyöjä	[kɑsʋissyⱷjæ]
vegetarisch (bn)	kasvis-	[kɑsʋis]

vetten (mv.)	rasvat	[rɑsʋɑt]
eiwitten (mv.)	proteiinit	[protei:nit]
koolhydraten (mv.)	hiilihydraatit	[hi:li·hydrɑ:tit]
snede (de)	viipale	[ʋi:pɑle]
stuk (bijv. een ~ taart)	pala, viipale	[pɑlɑ], [ʋi:pɑle]
kruimel (de)	muru	[muru]

51. Bereide gerechten

gerecht (het)	ruokalaji	[ruokɑ·lɑji]
keuken (bijv. Franse ~)	keittiö	[kejttiⱷ]
recept (het)	resepti	[resepti]
portie (de)	annos	[ɑnnos]

| salade (de) | salaatti | [sɑlɑ:tti] |
| soep (de) | keitto | [kejtto] |

bouillon (de)	liemi	[liemi]
boterham (de)	voileipä	[ʋoj·lejpæ]
spiegelei (het)	paistettu muna	[pɑjstettu munɑ]

hamburger (de)	hampurilainen	[hɑmpurilɑjnen]
biefstuk (de)	pihvi	[pihʋi]
garnering (de)	lisäke	[lisæke]

spaghetti (de)	spagetti	[spagetti]
aardappelpuree (de)	perunasose	[peruna·sose]
pizza (de)	pizza	[pitsa]
pap (de)	puuro	[pu:ro]
omelet (de)	munakas	[munakas]

gekookt (in water)	keitetty	[kejtetty]
gerookt (bn)	savustettu	[sauustettu]
gebakken (bn)	paistettu	[pajstettu]
gedroogd (bn)	kuivattu	[kujuattu]
diepvries (bn)	jäädytetty	[jæ:dytetty]
gemarineerd (bn)	säilötty	[sæjløtty]

zoet (bn)	makea	[makea]
gezouten (bn)	suolainen	[suolajnen]
koud (bn)	kylmä	[kylmæ]
heet (bn)	kuuma	[ku:ma]
bitter (bn)	karvas	[karuas]
lekker (bn)	maukas	[maukas]

koken (in kokend water)	keittää	[kejttæ:]
bereiden (avondmaaltijd ~)	laittaa ruokaa	[lajtta: ruoka:]
bakken (ww)	paistaa	[pajsta:]
opwarmen (ww)	lämmittää	[læmmittæ:]

zouten (ww)	suolata	[suolata]
peperen (ww)	pippuroida	[pippurojda]
raspen (ww)	raastaa	[ra:sta:]
schil (de)	kuori	[kuori]
schillen (ww)	kuoria	[kuoria]

52. Voedsel

vlees (het)	liha	[liha]
kip (de)	kana	[kana]
kuiken (het)	kananpoika	[kanan·pojka]
eend (de)	ankka	[aŋkka]
gans (de)	hanhi	[hanhi]
wild (het)	riista	[ri:sta]
kalkoen (de)	kalkkuna	[kalkkuna]

varkensvlees (het)	sianliha	[sian·liha]
kalfsvlees (het)	vasikanliha	[uasikan·liha]
schapenvlees (het)	lampaanliha	[lampa:n·liha]
rundvlees (het)	naudanliha	[naudan·liha]
konijnenvlees (het)	kaniini	[kani:ni]

worst (de)	makkara	[makkara]
saucijs (de)	nakki	[nakki]
spek (het)	pekoni	[pekoni]
ham (de)	kinkku	[kiŋkku]
gerookte achterham (de)	savustettu kinkku	[sauustettu kiŋkku]
paté (de)	patee	[pate:]
lever (de)	maksa	[maksa]

gehakt (het)	jauheliha	[jauhe·liha]
tong (de)	kieli	[kieli]

ei (het)	muna	[muna]
eieren (mv.)	munat	[munat]
eiwit (het)	valkuainen	[valku·ajnen]
eigeel (het)	keltuainen	[keltuajnen]

vis (de)	kala	[kala]
zeevruchten (mv.)	meren antimet	[meren antimet]
schaaldieren (mv.)	äyriäiset	[æyriæjset]
kaviaar (de)	kaviaari	[kavia:ri]

krab (de)	kuningasrapu	[kuniŋas·rapu]
garnaal (de)	katkarapu	[katkarapu]
oester (de)	osteri	[osteri]
langoest (de)	langusti	[laŋusti]
octopus (de)	meritursas	[meri·tursas]
inktvis (de)	kalmari	[kalmari]

steur (de)	sampi	[sampi]
zalm (de)	lohi	[lohi]
heilbot (de)	pallas	[pallas]

kabeljauw (de)	turska	[turska]
makreel (de)	makrilli	[makrilli]
tonijn (de)	tonnikala	[tonnikala]
paling (de)	ankerias	[aŋkerias]

forel (de)	taimen	[tajmen]
sardine (de)	sardiini	[sardi:ni]
snoek (de)	hauki	[hauki]
haring (de)	silli	[silli]

brood (het)	leipä	[lejpæ]
kaas (de)	juusto	[ju:sto]
suiker (de)	sokeri	[sokeri]
zout (het)	suola	[suola]

rijst (de)	riisi	[ri:si]
pasta (de)	pasta, makaroni	[pasta], [makaroni]
noedels (mv.)	nuudeli	[nu:deli]

boter (de)	voi	[voj]
plantaardige olie (de)	kasviöljy	[kasvi·øljy]
zonnebloemolie (de)	auringonkukkaöljy	[auriŋon·kukka·øljy]
margarine (de)	margariini	[margari:ni]

olijven (mv.)	oliivit	[oli:vit]
olijfolie (de)	oliiviöljy	[oli:vi·øljy]

melk (de)	maito	[majto]
gecondenseerde melk (de)	maitotiiviste	[majto·ti:viste]
yoghurt (de)	jogurtti	[jogurtti]
zure room (de)	hapankerma	[hapan·kerma]
room (de)	kerma	[kerma]

mayonaise (de)	**majoneesi**	[majone:si]
crème (de)	**kreemi**	[kre:mi]

graan (het)	**suurimot**	[su:rimot]
meel (het), bloem (de)	**jauhot**	[jauĥot]
conserven (mv.)	**säilyke**	[sæjlyke]

maïsvlokken (mv.)	**maissimurot**	[majssi·murot]
honing (de)	**hunaja**	[hunaja]
jam (de)	**hillo**	[hillo]
kauwgom (de)	**purukumi**	[puru·kumi]

53. Drankjes

water (het)	**vesi**	[ʋesi]
drinkwater (het)	**juomavesi**	[juoma·ʋesi]
mineraalwater (het)	**kivennäisvesi**	[kiʋennæjs·ʋesi]

zonder gas	**ilman hiilihappoa**	[ilman hi:li·happoa]
koolzuurhoudend (bn)	**hiilihappovettä**	[hi:li·happoʋetta]
bruisend (bn)	**hiilihappoinen**	[hi:li·happojnen]
ijs (het)	**jää**	[jæ:]
met ijs	**jään kanssa**	[jæ:n kanssa]

alcohol vrij (bn)	**alkoholiton**	[alkoĥoliton]
alcohol vrije drank (de)	**alkoholiton juoma**	[alkoĥoliton juoma]
frisdrank (de)	**virvoitusjuoma**	[ʋirʋojtus·juoma]
limonade (de)	**limonadi**	[limonadi]

alcoholische dranken (mv.)	**alkoholijuomat**	[alkoĥoli·juomat]
wijn (de)	**viini**	[ʋi:ni]
witte wijn (de)	**valkoviini**	[ʋalko·ʋi:ni]
rode wijn (de)	**punaviini**	[puna·ʋi:ni]

likeur (de)	**likööri**	[likø:ri]
champagne (de)	**samppanja**	[samppanja]
vermout (de)	**vermutti**	[ʋermutti]

whisky (de)	**viski**	[ʋiski]
wodka (de)	**votka, vodka**	[ʋotka], [ʋodka]
gin (de)	**gini**	[gini]
cognac (de)	**konjakki**	[konjakki]
rum (de)	**rommi**	[rommi]

koffie (de)	**kahvi**	[kahʋi]
zwarte koffie (de)	**musta kahvi**	[musta kahʋi]
koffie (de) met melk	**maitokahvi**	[majto·kahʋi]
cappuccino (de)	**cappuccino**	[kaputʃi:no]
oploskoffie (de)	**murukahvi**	[muru·kahʋi]

melk (de)	**maito**	[majto]
cocktail (de)	**cocktail**	[koktejl]
milkshake (de)	**pirtelö**	[pirtelø]
sap (het)	**mehu**	[meĥu]

tomatensap (het)	**tomaattimehu**	[tomɑ:tti·mehu]
sinaasappelsap (het)	**appelsiinimehu**	[ɑppelsi:ni·mehu]
vers geperst sap (het)	**tuoremehu**	[tuore·mehu]

bier (het)	**olut**	[olut]
licht bier (het)	**vaalea olut**	[ʋɑ:leɑ olut]
donker bier (het)	**tumma olut**	[tummɑ olut]

thee (de)	**tee**	[te:]
zwarte thee (de)	**musta tee**	[mustɑ te:]
groene thee (de)	**vihreä tee**	[ʋihreæ te:]

54. Groenten

groenten (mv.)	**vihannekset**	[ʋihɑnnekset]
verse kruiden (mv.)	**lehtikasvikset**	[lehti·kasʋikset]

tomaat (de)	**tomaatti**	[tomɑ:tti]
augurk (de)	**kurkku**	[kurkku]
wortel (de)	**porkkana**	[porkkɑnɑ]
aardappel (de)	**peruna**	[perunɑ]
ui (de)	**sipuli**	[sipuli]
knoflook (de)	**valkosipuli**	[ʋɑlko·sipuli]

kool (de)	**kaali**	[kɑ:li]
bloemkool (de)	**kukkakaali**	[kukkɑ·kɑ:li]

spruitkool (de)	**brysselinkaali**	[brysseliŋ·kɑ:li]
broccoli (de)	**parsakaali**	[parsɑ·kɑ:li]

rode biet (de)	**punajuuri**	[punɑ·ju:ri]
aubergine (de)	**munakoiso**	[munɑ·kojso]
courgette (de)	**kesäkurpitsa**	[kesæ·kurpitsɑ]

pompoen (de)	**kurpitsa**	[kurpitsɑ]
raap (de)	**nauris**	[nɑuris]

peterselie (de)	**persilja**	[persiljɑ]
dille (de)	**tilli**	[tilli]
sla (de)	**lehtisalaatti**	[lehti·sɑlɑ:tti]
selderij (de)	**selleri**	[selleri]

asperge (de)	**parsa**	[parsɑ]
spinazie (de)	**pinaatti**	[pinɑ:tti]

erwt (de)	**herne**	[herne]
bonen (mv.)	**pavut**	[pɑʋut]

maïs (de)	**maissi**	[mɑjssi]
nierboon (de)	**pavut**	[pɑʋut]

peper (de)	**paprika**	[pɑprikɑ]
radijs (de)	**retiisi**	[reti:si]
artisjok (de)	**artisokka**	[ɑrtisokkɑ]

55. Vruchten. Noten

vrucht (de)	hedelmä	[hedelmæ]
appel (de)	omena	[omena]
peer (de)	päärynä	[pæːrynæ]
citroen (de)	sitruuna	[sitruːna]
sinaasappel (de)	appelsiini	[appelsiːni]
aardbei (de)	mansikka	[mansikka]

mandarijn (de)	mandariini	[mandariːni]
pruim (de)	luumu	[luːmu]
perzik (de)	persikka	[persikka]
abrikoos (de)	aprikoosi	[aprikoːsi]
framboos (de)	vadelma	[ʋadelma]
ananas (de)	ananas	[ananas]

banaan (de)	banaani	[banaːni]
watermeloen (de)	vesimeloni	[ʋesi·meloni]
druif (de)	viinirypäleet	[ʋiːni·rypæleːt]
zure kers (de)	hapankirsikka	[hapan·kirsikka]
zoete kers (de)	linnunkirsikka	[linnun·kirsikka]
meloen (de)	meloni	[meloni]

grapefruit (de)	greippi	[grejppi]
avocado (de)	avokado	[aʋokado]
papaja (de)	papaija	[papaija]
mango (de)	mango	[maŋo]
granaatappel (de)	granaattiomena	[granaːtti·omena]

rode bes (de)	punaherukka	[puna·herukka]
zwarte bes (de)	mustaherukka	[musta·herukka]
kruisbes (de)	karviainen	[karʋiajnen]
blauwe bosbes (de)	mustikka	[mustikka]
braambes (de)	karhunvatukka	[karhun·ʋatukka]

rozijn (de)	rusina	[rusina]
vijg (de)	viikuna	[ʋiːkuna]
dadel (de)	taateli	[taːteli]

pinda (de)	maapähkinä	[maːpæhkinæ]
amandel (de)	manteli	[manteli]
walnoot (de)	saksanpähkinä	[saksan·pæhkinæ]
hazelnoot (de)	hasselpähkinä	[hassel·pæhkinæ]
kokosnoot (de)	kookospähkinä	[koːkos·pæhkinæ]
pistaches (mv.)	pistaasi	[pistaːsi]

56. Brood. Snoep

suikerbakkerij (de)	konditoriatuotteet	[konditorja·tuotteːt]
brood (het)	leipä	[lejpæ]
koekje (het)	keksit	[keksit]
chocolade (de)	suklaa	[suklaː]
chocolade- (abn)	suklaa-	[suklaː]

snoepje (het)	karamelli	[karamelli]
cakeje (het)	leivos	[lejʋos]
taart (bijv. verjaardags~)	kakku	[kakku]

pastei (de)	piirakka	[pi:rakka]
vulling (de)	täyte	[tæyte]

confituur (de)	hillo	[hillo]
marmelade (de)	marmeladi	[marmeladi]
wafel (de)	vohvelit	[ʋohʋelit]
ijsje (het)	jäätelö	[jæ:telø]
pudding (de)	vanukas	[vanukas]

57. Kruiden

zout (het)	suola	[suola]
gezouten (bn)	suolainen	[suolajnen]
zouten (ww)	suolata	[suolata]

zwarte peper (de)	musta pippuri	[musta pippuri]
rode peper (de)	kuuma pippuri	[ku:ma pippuri]
mosterd (de)	sinappi	[sinappi]
mierikswortel (de)	piparjuuri	[pipar·ju:ri]

condiment (het)	höyste	[høyste]
specerij, kruiderij (de)	mauste	[mauste]
saus (de)	kastike	[kastike]
azijn (de)	etikka	[etikka]

anijs (de)	anis	[anis]
basilicum (de)	basilika	[basilika]
kruidnagel (de)	neilikka	[nejlikka]
gember (de)	inkivääri	[iŋkiʋæ:ri]
koriander (de)	korianteri	[korianteri]
kaneel (de/het)	kaneli	[kaneli]

sesamzaad (het)	seesami	[se:sami]
laurierblad (het)	laakerinlehti	[la:kerin·lehti]
paprika (de)	paprika	[paprika]
komijn (de)	kumina	[kumina]
saffraan (de)	sahrami	[sahrami]

PERSOONLIJKE INFORMATIE. FAMILIE

58. Persoonlijke informatie. Formulieren

naam (de)	nimi	[nimi]
achternaam (de)	sukunimi	[suku·nimi]
geboortedatum (de)	syntymäpäivä	[syntymæ·pæjʋæ]
geboorteplaats (de)	syntymäpaikka	[syntymæ·pajkka]
nationaliteit (de)	kansallisuus	[kansallisu:s]
woonplaats (de)	asuinpaikka	[asujn·pajkka]
land (het)	maa	[ma:]
beroep (het)	ammatti	[ammatti]
geslacht (ov. het vrouwelijk ~)	sukupuoli	[suku·puoli]
lengte (de)	pituus	[pitu:s]
gewicht (het)	paino	[pajno]

59. Familieleden. Verwanten

moeder (de)	äiti	[æjti]
vader (de)	isä	[isæ]
zoon (de)	poika	[pojka]
dochter (de)	tytär	[tytær]
jongste dochter (de)	nuorempi tytär	[nuorempi tytær]
jongste zoon (de)	nuorempi poika	[nuorempi pojka]
oudste dochter (de)	vanhempi tytär	[ʋanhempi tytær]
oudste zoon (de)	vanhempi poika	[ʋanhempi pojka]
broer (de)	veli	[ʋeli]
oudere broer (de)	vanhempi veli	[ʋanhempi ʋeli]
jongere broer (de)	nuorempi veli	[nuorempi ʋeli]
zuster (de)	sisar	[sisar]
oudere zuster (de)	vanhempi sisar	[ʋanhempi sisar]
jongere zuster (de)	nuorempi sisar	[nuorempi sisar]
neef (zoon van oom, tante)	serkku	[serkku]
nicht (dochter van oom, tante)	serkku	[serkku]
mama (de)	äiti	[æjti]
papa (de)	isä	[isæ]
ouders (mv.)	vanhemmat	[ʋanhemmat]
kind (het)	lapsi	[lapsi]
kinderen (mv.)	lapset	[lapset]
oma (de)	isoäiti	[iso·æjti]
opa (de)	isoisä	[iso·isæ]

kleinzoon (de)	lapsenlapsi	[lapsen·lapsi]
kleindochter (de)	lapsenlapsi	[lapsen·lapsi]
kleinkinderen (mv.)	lastenlapset	[lasten·lapset]

oom (de)	setä	[setæ]
tante (de)	täti	[tæti]
neef (zoon van broer, zus)	veljenpoika	[ʋeljen·pojka]
nicht (dochter van broer, zus)	sisarenpoika	[sisaren·pojka]

schoonmoeder (de)	anoppi	[anoppi]
schoonvader (de)	appi	[appi]
schoonzoon (de)	vävy	[ʋæʋy]
stiefmoeder (de)	äitipuoli	[æjti·puoli]
stiefvader (de)	isäpuoli	[isæ·puoli]

zuigeling (de)	rintalapsi	[rinta·lapsi]
wiegenkind (het)	vauva	[ʋauʋa]
kleuter (de)	lapsi, pienokainen	[lapsi], [pienokajnen]

vrouw (de)	vaimo	[ʋajmo]
man (de)	mies	[mies]
echtgenoot (de)	aviomies	[aʋiomies]
echtgenote (de)	aviovaimo	[aʋioʋajmo]

gehuwd (mann.)	naimisissa	[najmisissa]
gehuwd (vrouw.)	naimisissa	[najmisissa]
ongehuwd (mann.)	naimaton	[najmaton]
vrijgezel (de)	poikamies	[pojkamies]
gescheiden (bn)	eronnut	[eronnut]
weduwe (de)	leski	[leski]
weduwnaar (de)	leski	[leski]

familielid (het)	sukulainen	[sukulajnen]
dichte familielid (het)	lähisukulainen	[læhi·sukulajnen]
verre familielid (het)	kaukainen sukulainen	[kaukajnen sukulajnen]
familieleden (mv.)	sukulaiset	[sukulajset]

wees (de), weeskind (het)	orpo	[orpo]
voogd (de)	holhooja	[holho:ja]
adopteren (een jongen te ~)	adoptoida	[adoptojda]
adopteren (een meisje te ~)	adoptoida	[adoptojda]

60. Vrienden. Collega's

vriend (de)	ystävä	[ystæʋæ]
vriendin (de)	ystävätär	[ystæʋætær]
vriendschap (de)	ystävyys	[ystæʋy:s]
bevriend zijn (ww)	olla ystäviä	[olla ystæʋiæ]

makker (de)	kaveri	[kaʋeri]
vriendin (de)	kaveri	[kaʋeri]
partner (de)	partneri	[partneri]
chef (de)	esimies	[esimies]
baas (de)	päällikkö	[pæ:llikkø]

eigenaar (de)	omistaja	[omistɑjɑ]
ondergeschikte (de)	alainen	[ɑlɑjnen]
collega (de)	virkatoveri	[ʋirkɑ·toʋeri]

kennis (de)	tuttava	[tuttɑʋɑ]
medereiziger (de)	matkakumppani	[mɑtkɑ·kumppɑni]
klasgenoot (de)	luokkatoveri	[luokkɑ·toʋeri]

buurman (de)	naapuri	[nɑ:puri]
buurvrouw (de)	naapuri	[nɑ:puri]
buren (mv.)	naapurit	[nɑ:purit]

MENSELIJK LICHAAM. GENEESKUNDE

61. Hoofd

hoofd (het)	pää	[pæ:]
gezicht (het)	kasvot	[kasʋot]
neus (de)	nenä	[nenæ]
mond (de)	suu	[su:]

oog (het)	silmä	[silmæ]
ogen (mv.)	silmät	[silmæt]
pupil (de)	silmäterä	[silmæ·teræ]
wenkbrauw (de)	kulmakarva	[kulma·karʋa]
wimper (de)	ripsi	[ripsi]
ooglid (het)	silmäluomi	[silmæ·luomi]

tong (de)	kieli	[kieli]
tand (de)	hammas	[hammɑs]
lippen (mv.)	huulet	[hu:let]
jukbeenderen (mv.)	poskipäät	[poski·pæ:t]
tandvlees (het)	ien	[ien]
gehemelte (het)	kitalaki	[kitalɑki]

neusgaten (mv.)	sieraimet	[sierɑjmet]
kin (de)	leuka	[leuka]
kaak (de)	leukaluu	[leuka·lu:]
wang (de)	poski	[poski]

voorhoofd (het)	otsa	[otsa]
slaap (de)	ohimo	[oɦimo]
oor (het)	korva	[korʋa]
achterhoofd (het)	niska	[niska]
hals (de)	kaula	[kaula]
keel (de)	kurkku	[kurkku]

haren (mv.)	hiukset	[hiukset]
kapsel (het)	kampaus	[kampaus]
haarsnit (de)	kampaus	[kampaus]
pruik (de)	tekotukka	[teko·tukka]

snor (de)	viikset	[ʋi:kset]
baard (de)	parta	[parta]
dragen (een baard, enz.)	pitää	[pitæ:]
vlecht (de)	letti	[letti]
bakkebaarden (mv.)	poskiparta	[poski·parta]

ros (roodachtig, rossig)	punatukkainen	[puna·tukkɑjnen]
grijs (~ haar)	harmaa	[harmɑ:]
kaal (bn)	kalju	[kalju]
kale plek (de)	kaljuus	[kalju:s]

| paardenstaart (de) | poninhäntä | [ponin·hæntæ] |
| pony (de) | otsatukka | [otsa·tukka] |

62. Menselijk lichaam

| hand (de) | käsi | [kæsi] |
| arm (de) | käsivarsi | [kæsi·ʋarssi] |

vinger (de)	sormi	[sormi]
teen (de)	varvas	[ʋarʋas]
duim (de)	peukalo	[peukalo]
pink (de)	pikkusormi	[pikku·sormi]
nagel (de)	kynsi	[kynsi]

vuist (de)	nyrkki	[nyrkki]
handpalm (de)	kämmen	[kæmmen]
pols (de)	ranne	[ranne]
voorarm (de)	kyynärvarsi	[ky:nær·ʋarsi]
elleboog (de)	kyynärpää	[ky:nær·pæ:]
schouder (de)	hartia	[hartia]

been (rechter ~)	jalka	[jalka]
voet (de)	jalkaterä	[jalka·teræ]
knie (de)	polvi	[polʋi]
kuit (de)	pohje	[pohje]
heup (de)	reisi	[rejsi]
hiel (de)	kantapää	[kantapæ:]

lichaam (het)	vartalo	[ʋartalo]
buik (de)	maha	[maɦa]
borst (de)	rinta	[rinta]
borst (de)	rinnat	[rinnat]
zijde (de)	kylki	[kylki]
rug (de)	selkä	[selkæ]
lage rug (de)	ristiselkä	[risti·selkæ]
taille (de)	vyötärö	[ʋyøtærø]

navel (de)	napa	[napa]
billen (mv.)	pakarat	[pakarat]
achterwerk (het)	takapuoli	[taka·puoli]

huidvlek (de)	luomi	[luomi]
moedervlek (de)	syntymämerkki	[syntymæ·merkki]
tatoeage (de)	tatuointi	[tatuojnti]
litteken (het)	arpi	[arpi]

63. Ziekten

ziekte (de)	sairaus	[sajraus]
ziek zijn (ww)	sairastaa	[sajrasta:]
gezondheid (de)	terveys	[terʋeys]
snotneus (de)	nuha	[nuɦa]

angina (de)	angiina	[aŋi:na]
verkoudheid (de)	vilustuminen	[ʋilustuminen]
verkouden raken (ww)	vilustua	[ʋilustua]

bronchitis (de)	keuhkokatarri	[keuhko·katarri]
longontsteking (de)	keuhkotulehdus	[keuhko·tulehdus]
griep (de)	influenssa	[influenssa]

bijziend (bn)	likinäköinen	[likinækøjnen]
verziend (bn)	kaukonäköinen	[kaukonækøjnen]
scheelheid (de)	kierosilmäisyys	[kiero·silmæjsy:s]
scheel (bn)	kiero	[kiero]
grauwe staar (de)	harmaakaihi	[harma:kajhi]
glaucoom (het)	silmänpainetauti	[silmæn·pajne·tauti]

beroerte (de)	aivoinfarkti	[ajuo·infarkti]
hartinfarct (het)	infarkti	[infarkti]
myocardiaal infarct (het)	sydäninfarkti	[sydæn·infarkti]
verlamming (de)	halvaus	[halʋaus]
verlammen (ww)	halvauttaa	[halʋautta:]

allergie (de)	allergia	[allergia]
astma (de/het)	astma	[astma]
diabetes (de)	diabetes	[diabetes]

| tandpijn (de) | hammassärky | [hammas·særky] |
| tandbederf (het) | hammasmätä | [hammas·mætæ] |

diarree (de)	ripuli	[ripuli]
constipatie (de)	ummetus	[ummetus]
maagstoornis (de)	vatsavaiva	[ʋatsa·ʋajua]
voedselvergiftiging (de)	ruokamyrkytys	[ruoka·myrkytys]
voedselvergiftiging oplopen	myrkyttyä	[myrkyttyæ]

artritis (de)	niveltulehdus	[niʋel·tulehdus]
rachitis (de)	riisitauti	[ri:sitati]
reuma (het)	reuma	[reuma]
arteriosclerose (de)	ateroskleroosi	[ateросklero:si]

gastritis (de)	mahakatarri	[maha·katarri]
blindedarmontsteking (de)	umpilisäketulehdus	[umpilisæke·tulehdus]
galblaasontsteking (de)	kolekystiitti	[kolekysti:tti]
zweer (de)	haavauma	[ha:ʋauma]

mazelen (mv.)	tuhkarokko	[tuhka·rokko]
rodehond (de)	vihurirokko	[ʋihuri·rokko]
geelzucht (de)	keltatauti	[kelta·tauti]
leverontsteking (de)	hepatiitti	[hepati:tti]

schizofrenie (de)	jakomielisyys	[jakomielisy:s]
dolheid (de)	raivotauti	[rajuo·tauti]
neurose (de)	neuroosi	[neuro:si]
hersenschudding (de)	aivotärähdys	[ajuo·tæræhdys]

| kanker (de) | syöpä | [syøpæ] |
| sclerose (de) | skleroosi | [sklero:si] |

multiple sclerose (de)	multippeliskleroosi	[multippeli·sklero:si]
alcoholisme (het)	alkoholismi	[alkoholismi]
alcoholicus (de)	alkoholisti	[alkoholisti]
syfilis (de)	kuppa, syfilis	[kuppa], [sifilis]
AIDS (de)	AIDS	[ajds]
tumor (de)	kasvain	[kasuajn]
kwaadaardig (bn)	pahanlaatuinen	[pahan·la:jtunen]
goedaardig (bn)	hyvänlaatuinen	[hyvænla:tunen]
koorts (de)	kuume	[ku:me]
malaria (de)	malaria	[malaria]
gangreen (het)	kuolio	[kuolio]
zeeziekte (de)	merisairaus	[meri·sajraus]
epilepsie (de)	epilepsia	[epilepsia]
epidemie (de)	epidemia	[epidemia]
tyfus (de)	lavantauti	[lavan·tauti]
tuberculose (de)	tuberkuloosi	[tuberkulo:si]
cholera (de)	kolera	[kolera]
pest (de)	rutto	[rutto]

64. Symptomen. Behandelingen. Deel 1

symptoom (het)	oire	[ojre]
temperatuur (de)	kuume	[ku:me]
verhoogde temperatuur (de)	korkea kuume	[korkea ku:me]
polsslag (de)	pulssi, syke	[pulssi], [syke]
duizeling (de)	huimaus	[hujmaus]
heet (erg warm)	kuuma	[ku:ma]
koude rillingen (mv.)	vilunväristys	[vilun·væristys]
bleek (bn)	kalpea	[kalpea]
hoest (de)	yskä	[yskæ]
hoesten (ww)	yskiä	[yskiæ]
niezen (ww)	aivastella	[ajvastella]
flauwte (de)	pyörtyminen	[pyørtyminen]
flauwvallen (ww)	pyörtyä	[pyørtyæ]
blauwe plek (de)	mustelma	[mustelma]
buil (de)	kuhmu	[kuhmu]
zich stoten (ww)	loukkaantua	[loukka:ntua]
kneuzing (de)	ruhje	[ruhje]
kneuzen (gekneusd zijn)	loukkaantua	[loukka:ntua]
hinken (ww)	ontua	[ontua]
verstuiking (de)	sijoiltaanmeno	[sijoilta:nmeno]
verstuiken (enkel, enz.)	siirtää sijoiltaan	[si:rtæ: sijoilta:n]
breuk (de)	murtuma	[murtuma]
een breuk oplopen	saada murtuma	[sa:da murtuma]
snijwond (de)	leikkaushaava	[lejkkaus·ha:va]
zich snijden (ww)	leikata	[lejkata]

bloeding (de)	verenvuoto	[ʋeren·ʋuoto]
brandwond (de)	palohaava	[palo·ha:ʋa]
zich branden (ww)	polttaa itse	[poltta: itse]

prikken (ww)	pistää	[pistæ:]
zich prikken (ww)	pistää itseä	[pistæ: itseæ]
blesseren (ww)	vahingoittaa	[ʋahiŋojtta:]
blessure (letsel)	vamma, vaurio	[ʋamma], [ʋaurio]
wond (de)	haava	[ha:ʋa]
trauma (het)	trauma, vamma	[trauma], [ʋamma]

ijlen (ww)	hourailla	[hourajlla]
stotteren (ww)	änkyttää	[æŋkyttæ:]
zonnesteek (de)	auringonpistos	[auriŋon·pistos]

65. Symptomen. Behandelingen. Deel 2

| pijn (de) | kipu | [kipu] |
| splinter (de) | tikku | [tikku] |

zweet (het)	hiki	[hiki]
zweten (ww)	hikoilla	[hikojlla]
braking (de)	oksennus	[oksennus]
stuiptrekkingen (mv.)	kouristukset	[kouristukset]

zwanger (bn)	raskaana oleva	[raska:na oleʋa]
geboren worden (ww)	syntyä	[syntyæ]
geboorte (de)	synnytys	[synnytys]
baren (ww)	synnyttää	[synnyttæ:]
abortus (de)	raskaudenkeskeytys	[raskauden·keskeytys]

ademhaling (de)	hengitys	[heŋitys]
inademing (de)	sisäänhengitys	[sisæ:n·heŋitys]
uitademing (de)	uloshengitys	[ulos·heŋitys]
uitademen (ww)	hengittää ulos	[heŋittæ: ulos]
inademen (ww)	hengittää sisään	[heŋittæ: sisæ:n]

invalide (de)	invalidi	[inʋalidi]
gehandicapte (de)	rampa	[rampa]
drugsverslaafde (de)	narkomaani	[narkoma:ni]

doof (bn)	kuuro	[ku:ro]
stom (bn)	mykkä	[mykkæ]
doofstom (bn)	kuuromykkä	[ku:ro·mykkæ]

krankzinnig (bn)	mielenvikainen	[mielen·ʋikajnen]
krankzinnige (man)	hullu	[hullu]
krankzinnige (vrouw)	hullu	[hullu]
krankzinnig worden	tulla hulluksi	[tulla hulluksi]

gen (het)	geeni	[ge:ni]
immuniteit (de)	immuniteetti	[immunite:tti]
erfelijk (bn)	perintö-	[perintø]
aangeboren (bn)	synnynnäinen	[synnynnæjnen]

virus (het)	virus	[ʋirus]
microbe (de)	mikrobi	[mikrobi]
bacterie (de)	bakteeri	[bakte:ri]
infectie (de)	infektio, tartunta	[infektio], [tartunta]

66. Symptomen. Behandelingen. Deel 3

| ziekenhuis (het) | sairaala | [sajra:la] |
| patiënt (de) | potilas | [potilas] |

diagnose (de)	diagnoosi	[diagno:si]
genezing (de)	lääkintä	[læ:kintæ]
medische behandeling (de)	hoito	[hojto]
onder behandeling zijn	saada hoitoa	[sa:da hojtoa]
behandelen (ww)	hoitaa	[hojta:]
zorgen (zieken ~)	hoitaa	[hojta:]
ziekenzorg (de)	hoito	[hojto]

operatie (de)	leikkaus	[lejkkaus]
verbinden (een arm ~)	sitoa	[sitoa]
verband (het)	sidonta	[sidonta]

vaccin (het)	rokotus	[rokotus]
inenten (vaccineren)	rokottaa	[rokotta:]
injectie (de)	injektio	[injektio]
een injectie geven	tehdä pisto	[tehdæ pisto]

aanval (de)	kohtaus	[kohtaus]
amputatie (de)	amputaatio	[amputa:tio]
amputeren (ww)	amputoida	[amputojda]
coma (het)	kooma	[ko:ma]
in coma liggen	olla koomassa	[olla ko:massa]
intensieve zorg, ICU (de)	teho-osasto	[teho·osasto]

zich herstellen (ww)	parantua	[parantua]
toestand (de)	terveydentila	[terʋeyden·tila]
bewustzijn (het)	tajunta	[tajunta]
geheugen (het)	muisti	[mujsti]

trekken (een kies ~)	poistaa	[pojsta:]
vulling (de)	paikka	[pajkka]
vullen (ww)	paikata	[pajkata]

| hypnose (de) | hypnoosi | [hypno:si] |
| hypnotiseren (ww) | hypnotisoida | [hypnotisojda] |

67. Geneeskunde. Medicijnen. Accessoires

geneesmiddel (het)	lääke	[læ:ke]
middel (het)	lääke	[læ:ke]
voorschrijven (ww)	määrätä	[mæ:rætæ]
recept (het)	resepti	[resepti]

tablet (de/het)	**tabletti**	[tabletti]
zalf (de)	**voide**	[ʋojde]
ampul (de)	**ampulli**	[ampulli]
drank (de)	**liuos**	[liuos]
siroop (de)	**siirappi**	[si:rappi]
pil (de)	**pilleri**	[pilleri]
poeder (de/het)	**jauhe**	[jauɦe]
verband (het)	**side**	[side]
watten (mv.)	**vanu**	[ʋanu]
jodium (het)	**jodi**	[jodi]
pleister (de)	**laastari**	[laːstari]
pipet (de)	**pipetti**	[pipetti]
thermometer (de)	**kuumemittari**	[kuːme·mittari]
spuit (de)	**ruisku**	[rujsku]
rolstoel (de)	**pyörätuoli**	[pyøræ·tuoli]
krukken (mv.)	**kainalosauvat**	[kajnalo·sauʋat]
pijnstiller (de)	**puudutusaine**	[puːdutus·ajne]
laxeermiddel (het)	**ulostuslääke**	[ulostus·læːke]
spiritus (de)	**sprii**	[spriː]
medicinale kruiden (mv.)	**lääkeyrtti**	[læːke·yrtti]
kruiden- (abn)	**yrtti-**	[yrtti]

APPARTEMENT

68. Appartement

appartement (het)	asunto	[asunto]
kamer (de)	huone	[huone]
slaapkamer (de)	makuuhuone	[maku:huone]
eetkamer (de)	ruokailuhuone	[ruokajlu·huone]
salon (de)	vierashuone	[vieras·huone]
studeerkamer (de)	työhuone	[tyø·huone]
gang (de)	eteinen	[etejnen]
badkamer (de)	kylpyhuone	[kylpy·huone]
toilet (het)	vessa	[vessa]
plafond (het)	sisäkatto	[sisæ·katto]
vloer (de)	lattia	[lattia]
hoek (de)	nurkka	[nurkka]

69. Meubels. Interieur

meubels (mv.)	huonekalut	[huone·kalut]
tafel (de)	pöytä	[pøytæ]
stoel (de)	tuoli	[tuoli]
bed (het)	sänky	[sæŋky]
bankstel (het)	sohva	[sohva]
fauteuil (de)	nojatuoli	[noja·tuoli]
boekenkast (de)	kaappi	[ka:ppi]
boekenrek (het)	hylly	[hylly]
kledingkast (de)	vaatekaappi	[va:te·ka:ppi]
kapstok (de)	ripustin	[ripustin]
staande kapstok (de)	naulakko	[naulakko]
commode (de)	lipasto	[lipasto]
salontafeltje (het)	sohvapöytä	[sohva·pøjtæ]
spiegel (de)	peili	[pejli]
tapijt (het)	matto	[matto]
tapijtje (het)	pieni matto	[pjeni matto]
haard (de)	takka	[takka]
kaars (de)	kynttilä	[kynttilæ]
kandelaar (de)	kynttilänjalka	[kynttilæn·jalka]
gordijnen (mv.)	kaihtimet	[kajhtimet]
behang (het)	tapetit	[tapetit]

jaloezie (de)	rullaverhot	[rulle·ʋerhot]
bureaulamp (de)	pöytälamppu	[pøytæ·lɑmppu]
wandlamp (de)	seinävalaisin	[sejnɑ·ʋɑlɑjsin]
staande lamp (de)	lattialamppu	[lɑttiɑ·lɑmppu]
luchter (de)	kattokruunu	[kɑtto·kru:nu]

poot (ov. een tafel, enz.)	jalka	[jɑlkɑ]
armleuning (de)	käsinoja	[kæsi·nojɑ]
rugleuning (de)	selkänoja	[selkænojɑ]
la (de)	vetolaatikko	[ʋeto·lɑ:tikko]

70. Beddengoed

beddengoed (het)	vuodevaatteet	[ʋuode·ʋɑ:tte:t]
kussen (het)	tyyny	[ty:ny]
kussenovertrek (de)	tyynyliina	[ty;ny·li;nɑ]
deken (de)	peitto, täkki	[pejte], [tækki]
laken (het)	lakana	[lɑkɑnɑ]
sprei (de)	peite	[pejte]

71. Keuken

keuken (de)	keittiö	[kejttiø]
gas (het)	kaasu	[kɑ:su]
gasfornuis (het)	kaasuliesi	[kɑ;su·liesi]
elektrisch fornuis (het)	sähköhella	[sæhkø·hellɑ]
oven (de)	paistinuuni	[pɑjstin·u:ni]
magnetronoven (de)	mikroaaltouuni	[mikro·ɑ:ltou·u:ni]

koelkast (de)	jääkaappi	[jæ:kɑ:ppi]
diepvriezer (de)	pakastin	[pɑkɑstin]
vaatwasmachine (de)	astianpesukone	[ɑstiɑn·pesu·kone]

vleesmolen (de)	lihamylly	[lihɑ·mylly]
vruchtenpers (de)	mehunpuristin	[mefun·puristin]
toaster (de)	leivänpaahdin	[lejuæn·pɑ:hdin]
mixer (de)	sekoitin	[sekojtin]

koffiemachine (de)	kahvinkeitin	[kɑhʋiŋ·kejtin]
koffiepot (de)	kahvipannu	[kɑhʋi·pɑnnu]
koffiemolen (de)	kahvimylly	[kɑhʋi·mylly]

fluitketel (de)	teepannu	[te:pɑnnu]
theepot (de)	teekannu	[te:kɑnnu]
deksel (de/het)	kansi	[kɑnsi]
theezeefje (het)	teesiivilä	[te:si:ʋilæ]

lepel (de)	lusikka	[lusikkɑ]
theelepeltje (het)	teelusikka	[te:lusikkɑ]
eetlepel (de)	ruokalusikka	[ruokɑ·lusikkɑ]
vork (de)	haarukka	[hɑ:rukkɑ]
mes (het)	veitsi	[ʋejtsi]

vaatwerk (het)	astiat	[astiat]
bord (het)	lautanen	[lautanen]
schoteltje (het)	teevati	[te:ʋati]

likeurglas (het)	shotti, snapsilasi	[shotti], [snapsi·lasi]
glas (het)	juomalasi	[juoma·lasi]
kopje (het)	kuppi	[kuppi]

suikerpot (de)	sokeriastia	[sokeri·astia]
zoutvat (het)	suola-astia	[suola·astia]
pepervat (het)	pippuriastia	[pippuri·astia]
boterschaaltje (het)	voi astia	[ʋoj astia]

pan (de)	kasari, kattila	[kasari], [kattila]
bakpan (de)	pannu	[pannu]
pollepel (de)	kauha	[kauħa]
vergiet (de/het)	lävikkö	[læʋikkø]
dienblad (het)	tarjotin	[tarjotin]

fles (de)	pullo	[pullo]
glazen pot (de)	lasitölkki	[lasi·tølkki]
blik (conserven~)	purkki	[purkki]

flesopener (de)	pullonavaaja	[pullon·aʋa:ja]
blikopener (de)	purkinavaaja	[purkin·aʋa:ja]
kurkentrekker (de)	korkkiruuvi	[korkki·ru:ʋi]
filter (de/het)	suodatin	[suodatin]
filteren (ww)	suodattaa	[suodatta:]

| huisvuil (het) | roska, jäte | [roska], [jæte] |
| vuilnisemmer (de) | roskasanko | [roska·saŋko] |

72. Badkamer

badkamer (de)	kylpyhuone	[kylpy·ħuone]
water (het)	vesi	[ʋesi]
kraan (de)	hana	[hana]
warm water (het)	kuuma vesi	[ku:ma ʋesi]
koud water (het)	kylmä vesi	[kylmæ ʋesi]

tandpasta (de)	hammastahna	[hammas·tahna]
tanden poetsen (ww)	harjata hampaita	[harjata hampajta]
tandenborstel (de)	hammasharja	[hammas·harja]

zich scheren (ww)	ajaa parta	[aja: parta]
scheercrème (de)	partavaahto	[parta·ʋa:hto]
scheermes (het)	partahöylä	[parta·ħøylæ]

wassen (ww)	pestä	[pestæ]
een bad nemen	peseytyä	[peseytyæ]
douche (de)	suihku	[sujhku]
een douche nemen	käydä suihkussa	[kæydæ suihkussa]
bad (het)	amme, kylpyamme	[amme], [kylpyamme]
toiletpot (de)	vessanpönttö	[ʋessan·pønttø]

wastafel (de)	pesuallas	[pesu·allas]
zeep (de)	saippua	[sajppua]
zeepbakje (het)	saippuakotelo	[sajppua·kotelo]

spons (de)	pesusieni	[pesu·sieni]
shampoo (de)	sampoo	[sampo:]
handdoek (de)	pyyhe	[py:he]
badjas (de)	kylpytakki	[kylpy·takki]

was (bijv. handwas)	pyykkäys	[py:kkæys]
wasmachine (de)	pesukone	[pesu·kone]
de was doen	pestä pyykkiä	[pestæ py:kkiæ]
waspoeder (de)	pesujauhe	[pesu·jauhe]

73. Huishoudelijke apparaten

televisie (de)	televisio	[teleuisio]
cassettespeler (de)	nauhuri	[nauhuri]
videorecorder (de)	videonauhuri	[uideo·nauhuri]
radio (de)	vastaanotin	[uasta:notin]
speler (de)	soitin	[sojtin]

videoprojector (de)	projektori	[projektori]
home theater systeem (het)	kotiteatteri	[koti·teatteri]
DVD-speler (de)	DVD-soitin	[deuede·sojtin]
versterker (de)	vahvistin	[uahuistin]
spelconsole (de)	pelikonsoli	[peli·konsoli]

videocamera (de)	videokamera	[uideo·kamera]
fotocamera (de)	kamera	[kamera]
digitale camera (de)	digitaalikamera	[digita:li·kamera]

stofzuiger (de)	pölynimuri	[pølyn·imuri]
strijkijzer (het)	silitysrauta	[silitys·rauta]
strijkplank (de)	silityslauta	[silitys·lauta]

telefoon (de)	puhelin	[puhelin]
mobieltje (het)	matkapuhelin	[matka·puhelin]
schrijfmachine (de)	kirjoituskone	[kirjoitus·kone]
naaimachine (de)	ompelukone	[ompelu·kone]

microfoon (de)	mikrofoni	[mikrofoni]
koptelefoon (de)	kuulokkeet	[ku:lokke:t]
afstandsbediening (de)	kaukosäädin	[kauko·sæ:din]

CD (de)	CD-levy	[sede·leuy]
cassette (de)	kasetti	[kasetti]
vinylplaat (de)	levy, vinyylilevy	[leuy], [uiny:li·leuy]

DE AARDE. WEER

74. De kosmische ruimte

kosmos (de)	avaruus	[avaru:s]
kosmisch (bn)	avaruus-	[avaru:s]
kosmische ruimte (de)	avaruus	[avaru:s]
wereld (de)	maailma	[ma:jlma]
heelal (het)	maailmankaikkeus	[ma:ilman·kajkkeus]
sterrenstelsel (het)	galaksi	[galaksi]
ster (de)	tähti	[tæhti]
sterrenbeeld (het)	tähtikuvio	[tæhti·kuvio]
planeet (de)	planeetta	[plane:tta]
satelliet (de)	satelliitti	[satelli:tti]
meteoriet (de)	meteoriitti	[meteori:tti]
komeet (de)	pyrstötähti	[pyrstø·tæhti]
asteroïde (de)	asteroidi	[asterojdi]
baan (de)	kiertorata	[kierto·rata]
draaien (om de zon, enz.)	kiertää	[kærtæ:]
atmosfeer (de)	ilmakehä	[ilmakehæ]
Zon (de)	Aurinko	[aurinko]
zonnestelsel (het)	Aurinkokunta	[aurinko·kunta]
zonsverduistering (de)	auringonpimennys	[aurinon·pimenys]
Aarde (de)	Maa	[ma:]
Maan (de)	Kuu	[ku:]
Mars (de)	Mars	[mars]
Venus (de)	Venus	[venus]
Jupiter (de)	Jupiter	[jupiter]
Saturnus (de)	Saturnus	[saturnus]
Mercurius (de)	Merkurius	[merkurius]
Uranus (de)	Uranus	[uranus]
Neptunus (de)	Neptunus	[neptunus]
Pluto (de)	Pluto	[pluto]
Melkweg (de)	Linnunrata	[linnun·rata]
Grote Beer (de)	Otava	[otava]
Poolster (de)	Pohjantähti	[pohjan·tæhti]
marsmannetje (het)	marsilainen	[marsilajnen]
buitenaards wezen (het)	avaruusolio	[avaru:soljo]
bovenaards (het)	avaruusolento	[avaru:s·olento]

vliegende schotel (de)	lentävä lautanen	[lentæʋæ lautanen]
ruimtevaartuig (het)	avaruusalus	[aʋaru:s·alus]
ruimtestation (het)	avaruusasema	[aʋaru:s·asema]
start (de)	startti	[startti]

motor (de)	moottori	[mo:ttori]
straalpijp (de)	suutin	[su:tin]
brandstof (de)	polttoaine	[poltto·ajne]

| cabine (de) | ohjaamo | [ohja:mo] |
| antenne (de) | antenni | [antenni] |

patrijspoort (de)	valoventtiili	[ʋaloʋentti:li]
zonnebatterij (de)	aurinkokennosto	[auriŋko·keŋosto]
ruimtepak (het)	avaruuspuku	[aʋaru:s·puku]

| gewichtloosheid (de) | painottomuus | [pajnottomu:s] |
| zuurstof (de) | happi | [happi] |

| koppeling (de) | telakointi | [telakojnti] |
| koppeling maken | tehdä telakointi | [tehdæ telakojnti] |

| observatorium (het) | observatorio | [obserʋatorio] |
| telescoop (de) | teleskooppi | [telesko:ppi] |

| waarnemen (ww) | tarkkailla | [tarkkajlla] |
| exploreren (ww) | tutkia | [tutkia] |

75. De Aarde

Aarde (de)	Maa	[ma:]
aardbol (de)	maapallo	[ma:pallo]
planeet (de)	planeetta	[plane:tta]

atmosfeer (de)	ilmakehä	[ilmakeɦæ]
aardrijkskunde (de)	maantiede	[ma:n·tiede]
natuur (de)	luonto	[luonto]

wereldbol (de)	karttapallo	[kartta·pallo]
kaart (de)	kartta	[kartta]
atlas (de)	atlas	[atlas]

| Europa (het) | Eurooppa | [euro:ppa] |
| Azië (het) | Aasia | [a:sia] |

| Afrika (het) | Afrikka | [afrikka] |
| Australië (het) | Australia | [australia] |

Amerika (het)	Amerikka	[amerikka]
Noord-Amerika (het)	Pohjois-Amerikka	[pohjois·amerikka]
Zuid-Amerika (het)	Etelä-Amerikka	[etelæ·amerikka]

| Antarctica (het) | Etelämanner | [etelæmanner] |
| Arctis (de) | Arktis | [arktis] |

76. Windrichtingen

noorden (het)	pohjola	[pohjola]
naar het noorden	pohjoiseen	[pohjoise:n]
in het noorden	pohjoisessa	[pohjoisessa]
noordelijk (bn)	pohjois-, pohjoinen	[pohjois], [pohjoinen]
zuiden (het)	etelä	[etelæ]
naar het zuiden	etelään	[etelæ:n]
in het zuiden	etelässä	[etelæssæ]
zuidelijk (bn)	etelä-, eteläinen	[etelæ], [etelæjnen]
westen (het)	länsi	[lænsi]
naar het westen	länteen	[lænte:n]
in het westen	lännessä	[lænnessæ]
westelijk (bn)	länsi-, läntinen	[lænsi], [læntinen]
oosten (het)	itä	[itæ]
naar het oosten	itään	[itæ:n]
in het oosten	idässä	[idæssæ]
oostelijk (bn)	itä-, itäinen	[itæ], [itæjnen]

77. Zee. Oceaan

zee (de)	meri	[meri]
oceaan (de)	valtameri	[valta·meri]
golf (baai)	lahti	[lahti]
straat (de)	salmi	[salmi]
grond (vaste grond)	maa	[ma:]
continent (het)	manner	[manner]
eiland (het)	saari	[sa:ri]
schiereiland (het)	niemimaa	[niemi·ma:]
archipel (de)	saaristo	[sa:risto]
baai, bocht (de)	lahti, poukama	[lahti], [poukama]
haven (de)	satama	[satama]
lagune (de)	laguuni	[lagu:ni]
kaap (de)	niemi	[niemi]
atol (de)	atolli	[atolli]
rif (het)	riutta	[riutta]
koraal (het)	koralli	[koralli]
koraalrif (het)	koralliriutta	[koralli·riutta]
diep (bn)	syvä	[syvæ]
diepte (de)	syvyys	[syvy:s]
diepzee (de)	syvänne	[syvænne]
trog (bijv. Marianentrog)	hauta	[hauta]
stroming (de)	virta	[virta]
omspoelen (ww)	huuhdella	[hu:hdella]
oever (de)	merenranta	[meren·ranta]

kust (de)	rannikko	[rannikko]
vloed (de)	vuoksi	[ʋuoksi]
eb (de)	laskuvesi	[lasku·ʋesi]
ondiepte (ondiep water)	matalikko	[matalikko]
bodem (de)	pohja	[pohja]

golf (hoge ~)	aalto	[a:lto]
golfkam (de)	aallonharja	[a:llon·harja]
schuim (het)	vaahto	[ʋa:hto]

storm (de)	myrsky	[myrsky]
orkaan (de)	hirmumyrsky	[hirmu·myrsky]
tsunami (de)	tsunami	[tsunami]
windstilte (de)	tyyni	[ty:yni]
kalm (bijv. ~e zee)	rauhallinen	[rauɦallinen]

| pool (de) | napa | [napa] |
| polair (bn) | napa-, polaarinen | [napa], [pola:rinen] |

breedtegraad (de)	leveyspiiri	[leʋeys·pi:ri]
lengtegraad (de)	pituus	[pitu:s]
parallel (de)	leveyspiiri	[leʋeys·pi:ri]
evenaar (de)	päiväntasaaja	[pæjʋæn·tasa:ja]

hemel (de)	taivas	[tajʋas]
horizon (de)	horisontti	[horisontti]
lucht (de)	ilma	[ilma]

vuurtoren (de)	majakka	[majakka]
duiken (ww)	sukeltaa	[sukelta:]
zinken (ov. een boot)	upota	[upota]
schatten (mv.)	aarteet	[a:rte:t]

78. Namen van zeeën en oceanen

Atlantische Oceaan (de)	**Atlantin valtameri**	[atlantin ʋalta meri]
Indische Oceaan (de)	**Intian valtameri**	[intian ʋalta·meri]
Stille Oceaan (de)	**Tyynimeri**	[ty:ni·meri]
Noordelijke IJszee (de)	**Pohjoinen jäämeri**	[pohjoinen jæ:meri]

Zwarte Zee (de)	**Mustameri**	[musta·meri]
Rode Zee (de)	**Punainenmeri**	[punajnen·meri]
Gele Zee (de)	**Keltainenmeri**	[keltajnen·meri]
Witte Zee (de)	**Vienanmeri**	[ʋjenan·meri]

Kaspische Zee (de)	**Kaspianmeri**	[kaspian·meri]
Dode Zee (de)	**Kuollutmeri**	[kuollut·meri]
Middellandse Zee (de)	**Välimeri**	[ʋæli·meri]

| Egeïsche Zee (de) | **Egeanmeri** | [egean·meri] |
| Adriatische Zee (de) | **Adrianmeri** | [adrian·meri] |

| Arabische Zee (de) | **Arabianmeri** | [arabian·meri] |
| Japanse Zee (de) | **Japaninmeri** | [japanin·meri] |

| Beringzee (de) | Beringinmeri | [beriŋin·meri] |
| Zuid-Chinese Zee (de) | Etelä-Kiinan meri | [etelæ·ki:nɑn meri] |

Koraalzee (de)	Korallimeri	[korɑlli·meri]
Tasmanzee (de)	Tasmaninmeri	[tɑsmɑnin·meri]
Caribische Zee (de)	Karibianmeri	[kɑribiɑn·meri]

| Barentszzee (de) | Barentsinmeri | [bɑrentsin·meri] |
| Karische Zee (de) | Karanmeri | [kɑrɑn·meri] |

Noordzee (de)	Pohjanmeri	[pohjɑn·meri]
Baltische Zee (de)	Itämeri	[itæ·meri]
Noorse Zee (de)	Norjanmeri	[norjɑn·meri]

79. Bergen

berg (de)	vuori	[ʋuori]
bergketen (de)	vuorijono	[ʋuori·jono]
gebergte (het)	vuorenharjanne	[ʋuoren·hɑrjɑnne]

bergtop (de)	huippu	[hujppu]
bergpiek (de)	vuorenhuippu	[ʋuoren·hujppu]
voet (ov. de berg)	juuri	[ju:ri]
helling (de)	rinne	[rinne]

vulkaan (de)	tulivuori	[tuli·ʋuori]
actieve vulkaan (de)	toimiva tulivuori	[tojmiʋɑ tuli·ʋuori]
uitgedoofde vulkaan (de)	sammunut tulivuori	[sɑmmunut tuli·ʋuori]

uitbarsting (de)	purkaus	[purkɑus]
krater (de)	kraatteri	[krɑ:teri]
magma (het)	magma	[mɑgmɑ]
lava (de)	laava	[lɑ:ʋɑ]
gloeiend (~e lava)	sulaa, hehkuva	[sulɑ:], [hehkuʋɑ]

kloof (canyon)	kanjoni	[kɑnjoni]
bergkloof (de)	rotko	[rotko]
spleet (de)	halkeama	[hɑlkeɑmɑ]
afgrond (de)	kuilu	[kujlu]

bergpas (de)	sola	[solɑ]
plateau (het)	ylätasanko	[ylæ·tɑsɑŋko]
klip (de)	kalju	[kɑlju]
heuvel (de)	mäki	[mæki]

gletsjer (de)	jäätikkö	[jæ:tikkø]
waterval (de)	vesiputous	[ʋesi·putous]
geiser (de)	geisir	[gejsir]
meer (het)	järvi	[jærʋi]

vlakte (de)	tasanko	[tɑsɑŋko]
landschap (het)	maisema	[mɑjsemɑ]
echo (de)	kaiku	[kɑjku]
alpinist (de)	vuorikiipeilijä	[ʋuori·ki:pejlijæ]

bergbeklimmer (de)	vuorikiipeilijä	[ʋuori·ki:pejlijæ]
trotseren (berg ~)	valloittaa	[ʋallojtta:]
beklimming (de)	nousu	[nousu]

80. Bergen namen

Alpen (de)	Alpit	[alpit]
Mont Blanc (de)	Mont Blanc	[monblaŋ]
Pyreneeën (de)	Pyreneet	[pyrine:t]

Karpaten (de)	Karpaatit	[karpa:tit]
Oeralgebergte (het)	Ural	[ural]
Kaukasus (de)	Kaukasus	[kaukasus]
Elbroes (de)	Elbrus	[elbrus]

Altaj (de)	Altai	[altaj]
Tiensjan (de)	Tienšan	[tien·ʃan]
Pamir (de)	Pamir	[pamir]
Himalaya (de)	Himalaja	[himalaja]
Everest (de)	Mount Everest	[maunt eʋerest]

Andes (de)	Andit	[andit]
Kilimanjaro (de)	Kilimanjaro	[kilimanjaro]

81. Rivieren

rivier (de)	joki	[joki]
bron (~ van een rivier)	lähde	[læhde]
rivierbedding (de)	uoma	[uoma]
rivierbekken (het)	joen vesistö	[joen ʋesistø]
uitmonden in ...	laskea	[laskea]

zijrivier (de)	sivujoki	[siʋu·joki]
oever (de)	ranta	[ranta]

stroming (de)	virta	[ʋirta]
stroomafwaarts (bw)	myötävirtaan	[myøtæʋirta:n]
stroomopwaarts (bw)	ylävirtaan	[ylæ·ʋirta:n]

overstroming (de)	tulva	[tulʋa]
overstroming (de)	kevättulva	[keʋæt·tulʋa]
buiten zijn oevers treden	tulvia	[tulʋia]
overstromen (ww)	upottaa	[upotta:]

zandbank (de)	matalikko	[matalikko]
stroomversnelling (de)	koski	[koski]

dam (de)	pato	[pato]
kanaal (het)	kanava	[kanaʋa]
spaarbekken (het)	vedensäiliö	[ʋeden·sæjliø]
sluis (de)	sulku	[sulku]
waterlichaam (het)	vesistö	[ʋesistø]

moeras (het)	suo	[suo]
broek (het)	hete	[hete]
draaikolk (de)	vesipyörre	[uesi·pyørre]

stroom (de)	puro	[puro]
drink- (abn)	juoma-	[yoma]
zoet (~ water)	makea	[makea]

| ijs (het) | jää | [jæ:] |
| bevriezen (rivier, enz.) | jäätyä | [jæ:tyæ] |

82. Namen van rivieren

| Seine (de) | Seine | [sen] |
| Loire (de) | Loire | [lua:r] |

Theems (de)	Thames	[tæms]
Rijn (de)	Rein	[rejn]
Donau (de)	Tonava	[tonaua]

Wolga (de)	Volga	[uolga]
Don (de)	Don	[don]
Lena (de)	Lena	[lena]

Gele Rivier (de)	Keltainenjoki	[keltajnen·joki]
Blauwe Rivier (de)	Jangtse	[jaŋtse]
Mekong (de)	Mekong	[mekoŋ]
Ganges (de)	Ganges	[gaŋes]

Nijl (de)	Niili	[ni:li]
Kongo (de)	Kongo	[koŋo]
Okavango (de)	Okavango	[okauaŋo]
Zambezi (de)	Sambesi	[sambesi]
Limpopo (de)	Limpopo	[limpopo]
Mississippi (de)	Mississippi	[mississippi]

83. Bos

| bos (het) | metsä | [metsæ] |
| bos- (abn) | metsä- | [metsæ] |

oerwoud (dicht bos)	tiheikkö	[tiɦejkkø]
bosje (klein bos)	lehto	[lehto]
open plek (de)	aho	[aɦo]

| struikgewas (het) | tiheikkö | [tiɦejkkø] |
| struiken (mv.) | pensasaro | [pensas·aro] |

paadje (het)	polku	[polku]
ravijn (het)	rotko	[rotko]
boom (de)	puu	[pu:]
blad (het)	lehti	[lehti]

gebladerte (het)	lehvistö	[lehʋistø]
vallende bladeren (mv.)	lehdenlähtö	[lehden·læhtø]
vallen (ov. de bladeren)	karista	[karista]
boomtop (de)	latva	[latʋa]

tak (de)	oksa	[oksa]
ent (de)	oksa	[oksa]
knop (de)	silmu	[silmu]
naald (de)	neulanen	[neulanen]
dennenappel (de)	käpy	[kæpy]

boom holte (de)	pesäkolo	[pesæ·kolo]
nest (het)	pesä	[pesæ]
hol (het)	kolo	[kolo]

stam (de)	runko	[ruŋko]
wortel (bijv. boom~s)	juuri	[ju:ri]
schors (de)	kuori	[kuori]
mos (het)	sammal	[sammal]

ontwortelen (een boom)	juuria	[ju:ria]
kappen (een boom ~)	hakata	[hakata]
ontbossen (ww)	kaataa puita	[ka:ta: pujta]
stronk (de)	kanto	[kanto]

kampvuur (het)	nuotio	[nuotio]
bosbrand (de)	metsäpalo	[metsæ·palo]
blussen (ww)	sammuttaa	[sammutta:]

boswachter (de)	metsänvartija	[metsæn·ʋartija]
bescherming (de)	suojelu	[suojelu]
beschermen	suojella	[suojella]
(bijv. de natuur ~)		
stroper (de)	salametsästäjä	[sala·metsæstæjæ]
val (de)	raudat	[raudat]

plukken (paddestoelen ~)	sienestää	[sienestæ:]
plukken (bessen ~)	marjastaa	[marjasta:]
verdwalen (de weg kwijt zijn)	eksyä	[eksyæ]

84. Natuurlijke hulpbronnen

natuurlijke rijkdommen (mv.)	luonnonvarat	[luonnon·ʋarat]
delfstoffen (mv.)	fossiiliset resurssit	[fossi:liset resurssit]
lagen (mv.)	esiintymä	[esi:ntymæ]
veld (bijv. olie~)	kenttä	[kenttæ]

winnen (uit erts ~)	louhia	[louhia]
winning (de)	kaivostoiminta	[kajʋos·tojminta]
erts (het)	malmi	[malmi]
mijn (bijv. kolenmijn)	kaivos	[kajʋos]
mijnschacht (de)	kaivos	[kajʋos]
mijnwerker (de)	kaivosmies	[kajʋosmies]
gas (het)	kaasu	[ka:su]

gasleiding (de)	maakaasuputki	[mɑːkɑːsuˑputki]
olie (aardolie)	öljy	[øljy]
olieleiding (de)	öljyjohto	[øljyˑjohto]
oliebron (de)	öljynporausreikä	[øljynˑporɑusˑrejkæ]
boortoren (de)	öljynporaustorni	[øljynˑporɑusˑtorni]
tanker (de)	tankkilaiva	[tɑŋkkiˑlɑjuɑ]

zand (het)	hiekka	[hiekkɑ]
kalksteen (de)	kalkkikivi	[kɑlkkiˑkiui]
grind (het)	sora	[sorɑ]
veen (het)	turve	[turue]
klei (de)	savi	[sɑui]
steenkool (de)	hiili	[hiːli]

ijzer (het)	rauta	[rɑutɑ]
goud (het)	kulta	[kultɑ]
zilver (het)	hopea	[hopeɑ]
nikkel (het)	nikkeli	[nikkeli]
koper (het)	kupari	[kupɑri]

zink (het)	sinkki	[siŋkki]
mangaan (het)	mangaani	[mɑŋɑːni]
kwik (het)	elohopea	[eloˑhopeɑ]
lood (het)	lyijy	[lyjy]

mineraal (het)	mineraali	[minerɑːli]
kristal (het)	kristalli	[kristɑlli]
marmer (het)	marmori	[mɑrmori]
uraan (het)	uraani	[urɑːni]

85. Weer

weer (het)	sää	[sæː]
weersvoorspelling (de)	sääennuste	[sæːennuste]
temperatuur (de)	lämpötila	[læmpøtilɑ]
thermometer (de)	lämpömittari	[læmpøˑmittɑri]
barometer (de)	ilmapuntari	[ilmɑˑpuntɑri]

vochtig (bn)	kostea	[kosteɑ]
vochtigheid (de)	kosteus	[kosteus]
hitte (de)	helle	[helle]
heet (bn)	kuuma	[kuːmɑ]
het is heet	on kuumaa	[on kuːmɑː]

| het is warm | on lämmintä | [on læmmintæ] |
| warm (bn) | lämmin | [læmmin] |

| het is koud | on kylmää | [on kylmæː] |
| koud (bn) | kylmä | [kylmæ] |

zon (de)	aurinko	[ɑuriŋko]
schijnen (de zon)	paistaa	[pɑjstɑː]
zonnig (~e dag)	aurinkoinen	[ɑuriŋkojnen]
opgaan (ov. de zon)	nousta	[nousta]

ondergaan (ww)	istuutua	[istu:tua]
wolk (de)	pilvi	[pilui]
bewolkt (bn)	pilvinen	[piluinen]
regenwolk (de)	sadepilvi	[sade·pilui]
somber (bn)	hämärä	[hæmæræ]

regen (de)	sade	[sade]
het regent	sataa vettä	[sata: uettæ]
regenachtig (bn)	sateinen	[satejnen]
motregenen (ww)	vihmoa	[uihmoa]

plensbui (de)	kaatosade	[ka:to·sade]
stortbui (de)	rankkasade	[raŋkka·sade]
hard (bn)	rankka	[raŋkka]
plas (de)	lätäkkö	[lætækkø]
nat worden (ww)	tulla märäksi	[tulla mæræksi]

mist (de)	sumu	[sumu]
mistig (bn)	sumuinen	[sumujnen]
sneeuw (de)	lumi	[lumi]
het sneeuwt	sataa lunta	[sata: lunta]

86. Zwaar weer. Natuurrampen

noodweer (storm)	ukkonen	[ukkonen]
bliksem (de)	salama	[salama]
flitsen (ww)	välkkyä	[uælkkyæ]

donder (de)	ukkonen	[ukkonen]
donderen (ww)	jyristä	[yristæ]
het dondert	ukkonen jyrisee	[ukkonen yrise:]

hagel (de)	raesade	[raesade]
het hagelt	sataa rakeita	[sata: rakejta]

overstromen (ww)	upottaa	[upotta:]
overstroming (de)	tulva	[tulua]

aardbeving (de)	maanjäristys	[ma:n·jaristys]
aardschok (de)	maantärähdys	[ma:n·tæræhdys]
epicentrum (het)	episentrumi	[episentrumi]

uitbarsting (de)	purkaus	[purkaus]
lava (de)	laava	[la:ua]

wervelwind (de)	pyörremyrsky	[pyørre·myrsky]
windhoos (de)	tornado	[tornado]
tyfoon (de)	taifuuni	[tajfu:ni]

orkaan (de)	hirmumyrsky	[hirmu·myrsky]
storm (de)	myrsky	[myrsky]
tsunami (de)	tsunami	[tsunami]
cycloon (de)	sykloni	[sykloni]
onweer (het)	koiranilma	[kojran·ilma]

brand (de)	**palo**	[palo]
ramp (de)	**katastrofi**	[katastrofi]
meteoriet (de)	**meteoriitti**	[meteori:tti]
lawine (de)	**lumivyöry**	[lumi·uyøry]
sneeuwverschuiving (de)	**lumivyöry**	[lumi·uyøry]
sneeuwjacht (de)	**pyry**	[pyry]
sneeuwstorm (de)	**pyry**	[pyry]

FAUNA

87. Zoogdieren. Roofdieren

roofdier (het)	peto	[peto]
tijger (de)	tiikeri	[tiːkeri]
leeuw (de)	leijona	[leijona]
wolf (de)	susi	[susi]
vos (de)	kettu	[kettu]

jaguar (de)	jaguaari	[jaguaːri]
luipaard (de)	leopardi	[leopardi]
jachtluipaard (de)	gepardi	[gepardi]

panter (de)	pantteri	[pantteri]
poema (de)	puuma	[puːma]
sneeuwluipaard (de)	lumileopardi	[lumi·leopardi]
lynx (de)	ilves	[ilʋes]

coyote (de)	kojootti	[kojoːtti]
jakhals (de)	sakaali	[sakaːli]
hyena (de)	hyeena	[hyeːna]

88. Wilde dieren

dier (het)	eläin	[elæjn]
beest (het)	peto	[peto]

eekhoorn (de)	orava	[oraʋa]
egel (de)	siili	[siːli]
haas (de)	jänis	[jænis]
konijn (het)	kaniini	[kaniːni]

das (de)	mäyrä	[mæuræ]
wasbeer (de)	pesukarhu	[pesu·karhu]
hamster (de)	hamsteri	[hamsteri]
marmot (de)	murmeli	[murmeli]

mol (de)	maamyyrä	[maːmyːræ]
muis (de)	hiiri	[hiːri]
rat (de)	rotta	[rotta]
vleermuis (de)	lepakko	[lepakko]

hermelijn (de)	kärppä	[kærppæ]
sabeldier (het)	soopeli	[soːpeli]
marter (de)	näätä	[næːtæ]
wezel (de)	lumikko	[lumikko]
nerts (de)	minkki	[miŋkki]

| bever (de) | majava | [majaʋa] |
| otter (de) | saukko | [saukko] |

paard (het)	hevonen	[heʋonen]
eland (de)	hirvi	[hirʋi]
hert (het)	poro	[poro]
kameel (de)	kameli	[kameli]

bizon (de)	biisoni	[bi:soni]
wisent (de)	visentti	[ʋisentti]
buffel (de)	puhveli	[puhʋeli]

zebra (de)	seepra	[se:pra]
antilope (de)	antilooppi	[antilo:ppi]
ree (de)	metsäkauris	[metsæ·kauris]
damhert (het)	kuusipeura	[ku:si·peura]
gems (de)	gemssi	[gemssi]
everzwijn (het)	villisika	[ʋilli·sika]

walvis (de)	valas	[ʋalas]
rob (de)	hylje	[hylje]
walrus (de)	mursu	[mursu]
zeebeer (de)	merikarhu	[meri·karhu]
dolfijn (de)	delfiini	[delfi:ni]

beer (de)	karhu	[karhu]
ijsbeer (de)	jääkarhu	[jææ:karhu]
panda (de)	panda	[panda]

aap (de)	apina	[apina]
chimpansee (de)	simpanssi	[simpanssi]
orang-oetan (de)	oranki	[oraŋki]
gorilla (de)	gorilla	[gorilla]
makaak (de)	makaki	[makaki]
gibbon (de)	gibboni	[gibboni]

olifant (de)	norsu	[norsu]
neushoorn (de)	sarvikuono	[sarʋi·kuono]
giraffe (de)	kirahvi	[kirahʋi]
nijlpaard (het)	virtahepo	[ʋirta·hepo]

| kangoeroe (de) | kenguru | [keŋuru] |
| koala (de) | pussikarhu | [pussi·karhu] |

mangoest (de)	faaraorotta	[fa:rao·rotta]
chinchilla (de)	sinsilla	[sinsilla]
stinkdier (het)	haisunäätä	[hajsunæ:tæ]
stekelvarken (het)	piikkisika	[pi:kki·sika]

89. Huisdieren

poes (de)	kissa	[kissa]
kater (de)	kollikissa	[kolli·kissa]
hond (de)	koira	[kojra]

paard (het)	hevonen	[heʋonen]
hengst (de)	ori	[ori]
merrie (de)	tamma	[tamma]

koe (de)	lehmä	[lehmæ]
bul, stier (de)	sonni	[sonni]
os (de)	härkä	[hærkæ]

schaap (het)	lammas	[lammas]
ram (de)	pässi	[pæssi]
geit (de)	vuohi	[ʋuoɦi]
bok (de)	pukki	[pukki]

| ezel (de) | aasi | [ɑ:si] |
| muilezel (de) | muuli | [mu:li] |

varken (het)	sika	[sika]
biggetje (het)	porsas	[porsas]
konijn (het)	kaniini	[kani:ni]

| kip (de) | kana | [kana] |
| haan (de) | kukko | [kukko] |

eend (de)	ankka	[aŋkka]
woerd (de)	urosankka	[uros·aŋkka]
gans (de)	hanhi	[hanhi]

| kalkoen haan (de) | uroskalkkuna | [uros·kalkkuna] |
| kalkoen (de) | kalkkuna | [kalkkuna] |

huisdieren (mv.)	kotieläimet	[koti·elæjmet]
tam (bijv. hamster)	kesy	[kesy]
temmen (tam maken)	kesyttää	[kesyttæ:]
fokken (bijv. paarden ~)	kasvattaa	[kasʋatta:]

boerderij (de)	farmi	[farmi]
gevogelte (het)	siipikarja	[si:pi·karja]
rundvee (het)	karja	[karja]
kudde (de)	lauma	[lauma]

paardenstal (de)	hevostalli	[heʋos·talli]
zwijnenstal (de)	sikala	[sikala]
koeienstal (de)	navetta	[naʋetta]
konijnenhok (het)	kanikoppi	[kani·koppi]
kippenhok (het)	kanala	[kanala]

90. Vogels

vogel (de)	lintu	[lintu]
duif (de)	kyyhky	[ky:hky]
mus (de)	varpunen	[ʋarpunen]
koolmees (de)	tiainen	[tiajnen]
ekster (de)	harakka	[harakka]
raaf (de)	korppi	[korppi]

kraai (de)	varis	[ʋaris]
kauw (de)	naakka	[nɑ:kkɑ]
roek (de)	mustavaris	[musta·ʋaris]
eend (de)	ankka	[aŋkkɑ]
gans (de)	hanhi	[hɑnhi]
fazant (de)	fasaani	[fɑsɑ:ni]
arend (de)	kotka	[kotkɑ]
havik (de)	haukka	[hɑukkɑ]
valk (de)	jalohaukka	[jɑlo·hɑukkɑ]
gier (de)	korppikotka	[korppi·kotkɑ]
condor (de)	kondori	[kondori]
zwaan (de)	joutsen	[joutsen]
kraanvogel (de)	kurki	[kurki]
ooievaar (de)	haikara	[hɑjkɑrɑ]
papegaai (de)	papukaija	[pɑpukɑijɑ]
kolibrie (de)	kolibri	[kolibri]
pauw (de)	riikinkukko	[ri:kiŋ·kukko]
struisvogel (de)	strutsi	[strutsi]
reiger (de)	haikara	[hɑjkɑrɑ]
flamingo (de)	flamingo	[flɑmiŋo]
pelikaan (de)	pelikaani	[pelikɑ:ni]
nachtegaal (de)	satakieli	[sɑtɑ·kieli]
zwaluw (de)	pääskynen	[pæ:skynen]
lijster (de)	rastas	[rɑstɑs]
zanglijster (de)	laulurastas	[lɑulu·rɑstɑs]
merel (de)	mustarastas	[mustɑ·rɑstɑs]
gierzwaluw (de)	tervapääsky	[terʋɑ·pæ:sky]
leeuwerik (de)	leivonen	[lejʋonen]
kwartel (de)	viiriäinen	[ʋi:riæjnen]
specht (de)	tikka	[tikkɑ]
koekoek (de)	käki	[kæki]
uil (de)	pöllö	[pøllø]
oehoe (de)	huuhkaja	[hu:hkɑjɑ]
auerhoen (het)	metso	[metso]
korhoen (het)	teeri	[te:ri]
patrijs (de)	peltopyy	[pelto·py:]
spreeuw (de)	kottarainen	[kottɑrɑjnen]
kanarie (de)	kanarialintu	[kɑnɑriɑ·lintu]
hazelhoen (het)	pyy	[py:]
vink (de)	peippo	[pejppo]
goudvink (de)	punatulkku	[punɑ·tulkku]
meeuw (de)	lokki	[lokki]
albatros (de)	albatrossi	[ɑlbɑtrossi]
pinguïn (de)	pingviini	[piŋʋi:ni]

91. Vis. Zeedieren

brasem (de)	lahna	[lahna]
karper (de)	karppi	[karppi]
baars (de)	ahven	[ahʋen]
meerval (de)	monni	[monni]
snoek (de)	hauki	[hauki]

zalm (de)	lohi	[lohi]
steur (de)	sampi	[sampi]

haring (de)	silli	[silli]
atlantische zalm (de)	merilohi	[meri·lohi]
makreel (de)	makrilli	[makrilli]
platvis (de)	kampela	[kampela]

snoekbaars (de)	kuha	[kuha]
kabeljauw (de)	turska	[turska]
tonijn (de)	tonnikala	[tonnikala]
forel (de)	taimen	[tajmen]

paling (de)	ankerias	[aŋkerias]
sidderrog (de)	rausku	[rausku]
murene (de)	mureena	[mure:na]
piranha (de)	punapiraija	[puna·piraija]

haai (de)	hai	[haj]
dolfijn (de)	delfiini	[delfi:ni]
walvis (de)	valas	[ʋalas]

krab (de)	taskurapu	[tasku·rapu]
kwal (de)	meduusa	[medu:sa]
octopus (de)	meritursas	[meri·tursas]

zeester (de)	meritähti	[meri·tæhti]
zee-egel (de)	merisiili	[meri·si:li]
zeepaardje (het)	merihevonen	[meri·heʋonen]

oester (de)	osteri	[osteri]
garnaal (de)	katkarapu	[katkarapu]
kreeft (de)	hummeri	[hummeri]
langoest (de)	langusti	[laŋusti]

92. Amfibieën. Reptielen

slang (de)	käärme	[kæ:rme]
giftig (slang)	myrkky-, myrkyllinen	[myrkky], [myrkyllinen]

adder (de)	kyy	[ky:]
cobra (de)	silmälasikäärme	[silmælasi·kæ:rme]
python (de)	pyton	[pyton]
boa (de)	jättiläiskäärme	[jættilæjs·kæ:rme]
ringslang (de)	turhakäärme	[turha·kæ:rme]

| ratelslang (de) | kalkkarokäärme | [kalkkaro·kæ:rme] |
| anaconda (de) | anakonda | [anakonda] |

hagedis (de)	lisko	[lisko]
leguaan (de)	iguaani	[igua:ni]
varaan (de)	varaani	[ʋara:ni]
salamander (de)	salamanteri	[salamanteri]
kameleon (de)	kameleontti	[kameleontti]
schorpioen (de)	skorpioni	[skorpioni]

schildpad (de)	kilpikonna	[kilpi·konna]
kikker (de)	sammakko	[sammakko]
pad (de)	konna	[konna]
krokodil (de)	krokotiili	[krokoti:li]

93. Insecten

insect (het)	hyönteinen	[hyøntejnen]
vlinder (de)	perhonen	[perhonen]
mier (de)	muurahainen	[mu:raɦajnen]
vlieg (de)	kärpänen	[kærpænen]
mug (de)	hyttynen	[hyttynen]
kever (de)	kovakuoriainen	[koʋa·kuoriajnen]

wesp (de)	ampiainen	[ampiajnen]
bij (de)	mehiläinen	[meɦilæjnen]
hommel (de)	kimalainen	[kimalajnen]
horzel (de)	kiiliäinen	[ki:liæjnen]

| spin (de) | hämähäkki | [hæmæɦækki] |
| spinnenweb (het) | hämähäkinseitti | [hæmæɦækin·sejtti] |

libel (de)	sudenkorento	[sudeŋ·korento]
sprinkhaan (de)	hepokatti	[hepokatti]
nachtvlinder (de)	yöperhonen	[yø·perhonen]

kakkerlak (de)	torakka	[torakka]
teek (de)	punkki	[puŋkki]
vlo (de)	kirppu	[kirppu]
kriebelmug (de)	mäkärä	[mækæræ]

treksprinkhaan (de)	kulkusirkka	[kulku·sirkka]
slak (de)	etana	[etana]
krekel (de)	sirkka	[sirkka]
glimworm (de)	kiiltomato	[ki:lto·mato]
lieveheersbeestje (het)	leppäkerttu	[leppæ·kerttu]
meikever (de)	turilas	[turilas]

bloedzuiger (de)	juotikas	[juotikas]
rups (de)	toukka	[toukka]
aardworm (de)	kastemato	[kaste·mato]
larve (de)	toukka	[toukka]

FLORA

94. Bomen

boom (de)	puu	[pu:]
loof- (abn)	lehti-	[lehti]
dennen- (abn)	havu-	[havu]
groenblijvend (bn)	ikivihreä	[ikivihrea]

appelboom (de)	omenapuu	[omena·pu:]
perenboom (de)	päärynäpuu	[pæ:rynæ·pu:]
zoete kers (de)	linnunkirsikkapuu	[linnun·kirsikkapu:]
zure kers (de)	hapankirsikkapuu	[hapan·kirsikkapu:]
pruimelaar (de)	luumupuu	[lu:mu·pu:]

berk (de)	koivu	[kojuu]
eik (de)	tammi	[tammi]
linde (de)	lehmus	[lehmus]
esp (de)	haapa	[ha:pa]
esdoorn (de)	vaahtera	[va:htera]
spar (de)	kuusipuu	[ku:si·pu:]
den (de)	mänty	[mænty]
lariks (de)	lehtikuusi	[lehti·ku:si]
zilverspar (de)	jalokuusi	[jaloku:si]
ceder (de)	setri	[setri]

populier (de)	poppeli	[poppeli]
lijsterbes (de)	pihlaja	[pihlaja]
wilg (de)	paju	[paju]
els (de)	leppä	[leppæ]
beuk (de)	pyökki	[pyøkki]
iep (de)	jalava	[jalava]
es (de)	saarni	[sa:rni]
kastanje (de)	kastanja	[kastanja]

magnolia (de)	magnolia	[magnolia]
palm (de)	palmu	[palmu]
cipres (de)	sypressi	[sypressi]

mangrove (de)	mangrove	[maŋrove]
baobab (apenbroodboom)	apinanleipäpuu	[apinan·lejpæpu:]
eucalyptus (de)	eukalyptus	[eukalyptus]
mammoetboom (de)	punapuu	[puna·pu:]

95. Heesters

struik (de)	pensas	[pensas]
heester (de)	pensaikko	[pensajkko]

wijnstok (de)	viinirypäleet	[ʋi:ni·rypæle:t]
wijngaard (de)	viinitarha	[ʋi:ni·tarha]

frambozenstruik (de)	vadelma	[ʋadelma]
zwarte bes (de)	mustaherukka	[musta·herukka]
rode bessenstruik (de)	punaherukka	[puna·herukka]
kruisbessenstruik (de)	karviainen	[karʋiajnen]

acacia (de)	akasia	[akasia]
zuurbes (de)	happomarja	[happomarja]
jasmijn (de)	jasmiini	[jasmi:ni]

jeneverbes (de)	kataja	[kataja]
rozenstruik (de)	ruusupensas	[ru:su·pensas]
hondsroos (de)	villiruusu	[ʋilli·ru:su]

96. Vruchten. Bessen

vrucht (de)	hedelmä	[hedelmæ]
vruchten (mv.)	hedelmät	[hedelmæt]
appel (de)	omena	[omena]
peer (de)	päärynä	[pæ:rynæ]
pruim (de)	luumu	[lu:mu]

aardbei (de)	mansikka	[mansikka]
zure kers (de)	hapankirsikka	[hapan·kirsikka]
zoete kers (de)	linnunkirsikka	[linnun·kirsikka]
druif (de)	viinirypäleet	[ʋi:ni·rypæle:t]

framboos (de)	vadelma	[ʋadelma]
zwarte bes (de)	mustaherukka	[musta·herukka]
rode bes (de)	punaherukka	[puna·herukka]
kruisbes (de)	karviainen	[karʋiajnen]
veenbes (de)	karpalo	[karpalo]

sinaasappel (de)	appelsiini	[appelsi:ni]
mandarijn (de)	mandariini	[mandari:ni]
ananas (de)	ananas	[ananas]

banaan (de)	banaani	[bana:ni]
dadel (de)	taateli	[ta:teli]

citroen (de)	sitruuna	[sitru:na]
abrikoos (de)	aprikoosi	[apriko:si]
perzik (de)	persikka	[persikka]

kiwi (de)	kiivi	[ki:ʋi]
grapefruit (de)	greippi	[grejppi]

bes (de)	marja	[marja]
bessen (mv.)	marjat	[marjat]
vossenbes (de)	puolukka	[puolukka]
bosaardbei (de)	ahomansikka	[aho·mansikka]
blauwe bosbes (de)	mustikka	[mustikka]

97. Bloemen. Planten

bloem (de)	kukka	[kukka]
boeket (het)	kukkakimppu	[kukka·kimppu]
roos (de)	ruusu	[ru:su]
tulp (de)	tulppani	[tulppani]
anjer (de)	neilikka	[nejlikka]
gladiool (de)	miekkalilja	[miekkalilja]
korenbloem (de)	kaunokki	[kaunokki]
klokje (het)	kissankello	[kissan·kello]
paardenbloem (de)	voikukka	[ʋoj·kukka]
kamille (de)	päivänkakkara	[pæjʋæn·kakkara]
aloë (de)	aaloe	[a:loe]
cactus (de)	kaktus	[kaktus]
ficus (de)	fiikus	[fi:kus]
lelie (de)	lilja	[lilja]
geranium (de)	kurjenpolvi	[kurjen·polʋi]
hyacint (de)	hyasintti	[hyasintti]
mimosa (de)	mimosa	[mimosa]
narcis (de)	narsissi	[narsissi]
Oost-Indische kers (de)	koristekrassi	[koriste·krassi]
orchidee (de)	orkidea	[orkidea]
pioenroos (de)	pioni	[pioni]
viooltje (het)	orvokki	[orʋokki]
driekleurig viooltje (het)	keto-orvokki	[keto·orʋokki]
vergeet-mij-nietje (het)	lemmikki	[lemmikki]
madeliefje (het)	kaunokainen	[kaunokajnen]
papaver (de)	unikko	[unikko]
hennep (de)	hamppu	[hamppu]
munt (de)	minttu	[minttu]
lelietje-van-dalen (het)	kielo	[kielo]
sneeuwklokje (het)	lumikello	[lumi·kello]
brandnetel (de)	nokkonen	[nokkonen]
veldzuring (de)	suolaheinä	[suola·hejnæ]
waterlelie (de)	lumme	[lumme]
varen (de)	saniainen	[saniajnen]
korstmos (het)	jäkälä	[jækælæ]
oranjerie (de)	talvipuutarha	[talʋi·pu:tarha]
gazon (het)	nurmikko	[nurmikko]
bloemperk (het)	kukkapenkki	[kukka·peŋkki]
plant (de)	kasvi	[kasʋi]
gras (het)	ruoho	[ruoho]
grasspriet (de)	heinänkorsi	[hejnæŋ·korsi]

blad (het)	lehti	[lehti]
bloemblad (het)	terälehti	[teræ·lehti]
stengel (de)	varsi	[ʋɑrsi]
knol (de)	mukula	[mukulɑ]

scheut (de)	itu	[itu]
doorn (de)	piikki	[piːkki]

bloeien (ww)	kukkia	[kukkiɑ]
verwelken (ww)	kuihtua	[kujhtuɑ]
geur (de)	tuoksu	[tuoksu]
snijden (bijv. bloemen ~)	leikata	[lejkɑtɑ]
plukken (bloemen ~)	repiä	[repiæ]

98. Granen, graankorrels

graan (het)	vilja	[ʋiljɑ]
graangewassen (mv.)	viljat	[ʋiljɑt]
aar (de)	tähkä	[tæhkæ]

tarwe (de)	vehnä	[ʋehnæ]
rogge (de)	ruis	[rujs]
haver (de)	kaura	[kɑurɑ]
gierst (de)	hirssi	[hirssi]
gerst (de)	ohra	[ohrɑ]

maïs (de)	maissi	[mɑjssi]
rijst (de)	riisi	[riːsi]
boekweit (de)	tattari	[tɑttɑri]

erwt (de)	herne	[herne]
nierboon (de)	pavut	[pɑuut]
soja (de)	soija	[soijɑ]
linze (de)	linssi	[linssi]
bonen (mv.)	pavut	[pɑuut]

LANDEN VAN DE WERELD

99. Landen. Deel 1

Afghanistan (het)	**Afganistan**	[afganistan]
Albanië (het)	**Albania**	[albania]
Argentinië (het)	**Argentiina**	[argentl:na]
Armenië (het)	**Armenia**	[armeniæ]
Australië (het)	**Australia**	[australia]
Azerbeidzjan (het)	**Azerbaidžan**	[azerbajdʒan]

Bahama's (mv.)	**Bahama**	[baɦama]
Bangladesh (het)	**Bangladesh**	[baŋladeʃ]
België (het)	**Belgia**	[belgia]
Bolivia (het)	**Bolivia**	[boliuia]
Bosnië en Herzegovina (het)	**Bosnia ja Hertsegovina**	[bosnia ja hertsegouina]
Brazilië (het)	**Brasilia**	[brasilia]
Bulgarije (het)	**Bulgaria**	[bulgaria]

Cambodja (het)	**Kambodža**	[kambodʒa]
Canada (het)	**Kanada**	[kanada]
Chili (het)	**Chile**	[tʃile]
China (het)	**Kiina**	[ki:na]
Colombia (het)	**Kolumbia**	[kolumbia]
Cuba (het)	**Kuuba**	[ku:ba]
Cyprus (het)	**Kypros**	[kypros]

Denemarken (het)	**Tanska**	[tanska]
Dominicaanse Republiek (de)	**Dominikaaninen tasavalta**	[dominika:ninen tasavalta]
Duitsland (het)	**Saksa**	[saksa]
Ecuador (het)	**Ecuador**	[ekuador]
Egypte (het)	**Egypti**	[egypti]
Engeland (het)	**Englanti**	[eŋlanti]

Estland (het)	**Viro**	[uiro]
Finland (het)	**Suomi**	[suomi]
Frankrijk (het)	**Ranska**	[ranska]
Frans-Polynesië	**Ranskan Polynesia**	[ranskan polynesia]
Georgië (het)	**Georgia**	[georgia]
Ghana (het)	**Ghana**	[gana]

Griekenland (het)	**Kreikka**	[krejkka]
Groot-Brittannië (het)	**Iso-Britannia**	[iso·britannia]
Haïti (het)	**Haiti**	[haiti]
Hongarije (het)	**Unkari**	[uŋkari]
Ierland (het)	**Irlanti**	[irlanti]
IJsland (het)	**Islanti**	[islanti]

India (het)	**Intia**	[intia]
Indonesië (het)	**Indonesia**	[indonesia]

Irak (het)	**Irak**	[irak]
Iran (het)	**Iran**	[iran]
Israël (het)	**Israel**	[israel]
Italië (het)	**Italia**	[italia]

100. Landen. Deel 2

Jamaica (het)	**Jamaika**	[jamajka]
Japan (het)	**Japani**	[japani]
Jordanië (het)	**Jordania**	[jordania]
Kazakstan (het)	**Kazakstan**	[kazakstan]
Kenia (het)	**Kenia**	[kenia]
Kirgizië (het)	**Kirgisia**	[kirgisia]
Koeweit (het)	**Kuwait**	[kuʋajt]

Kroatië (het)	**Kroatia**	[kroatia]
Laos (het)	**Laos**	[laos]
Letland (het)	**Latvia**	[latʋia]
Libanon (het)	**Libanon**	[libanon]
Libië (het)	**Libya**	[libya]
Liechtenstein (het)	**Liechtenstein**	[lihtenʃtajn]
Litouwen (het)	**Liettua**	[liettua]

Luxemburg (het)	**Luxemburg**	[lyksemburg]
Macedonië (het)	**Makedonia**	[makedonia]
Madagaskar (het)	**Madagaskar**	[madagaskar]
Maleisië (het)	**Malesia**	[malesia]
Malta (het)	**Malta**	[malta]
Marokko (het)	**Marokko**	[marokko]
Mexico (het)	**Meksiko**	[meksiko]

Moldavië (het)	**Moldova**	[moldoʋa]
Monaco (het)	**Monaco**	[monako]
Mongolië (het)	**Mongolia**	[moŋolia]
Montenegro (het)	**Montenegro**	[monte·negro]
Myanmar (het)	**Myanmar**	[myanmar]
Namibië (het)	**Namibia**	[namibiæ]
Nederland (het)	**Alankomaat**	[alaŋkoma:t]

Nepal (het)	**Nepal**	[nepal]
Nieuw-Zeeland (het)	**Uusi-Seelanti**	[u:si·se:lanti]
Noord-Korea (het)	**Pohjois-Korea**	[pohjois·korea]
Noorwegen (het)	**Norja**	[norja]
Oekraïne (het)	**Ukraina**	[ukrajna]
Oezbekistan (het)	**Uzbekistan**	[uzbekistan]
Oostenrijk (het)	**Itävalta**	[itæʋalta]

101. Landen. Deel 3

Pakistan (het)	**Pakistan**	[pakistan]
Palestijnse autonomie (de)	**Palestiinalaishallinto**	[palesti:nalajs·hallinto]
Panama (het)	**Panama**	[panama]

Paraguay (het)	Paraguay	[paraguaj]
Peru (het)	Peru	[peru]
Polen (het)	Puola	[puola]
Portugal (het)	Portugali	[portugali]
Roemenië (het)	Romania	[romania]

Rusland (het)	Venäjä	[ʋenæjæ]
Saoedi-Arabië (het)	Saudi-Arabia	[saudi·arabia]
Schotland (het)	Skotlanti	[skotlanti]
Senegal (het)	Senegal	[senegal]
Servië (het)	Serbia	[serbia]
Slovenië (het)	Slovenia	[sloʋenia]
Slowakije (het)	Slovakia	[sloʋakia]
Spanje (het)	Espanja	[espanja]

Suriname (het)	Suriname	[suriname]
Syrië (het)	Syyria	[sy:ria]
Tadzjikistan (het)	Tadžhikistan	[tadʒikistan]
Taiwan (het)	Taiwan	[tajʋan]
Tanzania (het)	Tansania	[tansania]
Tasmanië (het)	Tasmania	[tasmania]
Thailand (het)	Thaimaa	[thajma:]

Tsjechië (het)	Tšekki	[tʃekki]
Tunesië (het)	Tunisia	[tunisia]
Turkije (het)	Turkki	[turkki]
Turkmenistan (het)	Turkmenistan	[turkmenistan]
Uruguay (het)	Uruguay	[uruguaj]
Vaticaanstad (de)	Vatikaanivaltio	[ʋatika:ni·ʋaltio]
Venezuela (het)	Venezuela	[ʋenezuela]
Verenigde Arabische Emiraten	Arabiemiirikuntien liitto	[arabi·emi:ri·kuntien li:tto]

Verenigde Staten van Amerika	Yhdysvallat	[yhdys·ʋallat]
Vietnam (het)	Vietnam	[ʋjetnam]
Wit-Rusland (het)	Valko-Venäjä	[ʋalko·ʋenæjæ]
Zanzibar (het)	Sansibar	[sansibar]
Zuid-Afrika (het)	Etelä-Afrikka	[etelæ·afrikka]
Zuid-Korea (het)	Etelä-Korea	[etelæ·korea]
Zweden (het)	Ruotsi	[ruotsi]
Zwitserland (het)	Sveitsi	[sʋejtsi]

FINS

WOORDENSCHAT

NEDERLANDS FINS

De meest bruikbare woorden
Om uw woordenschat uit te breiden en
uw taalvaardigheid aan te scherpen

3000 woorden

Thematische woordenschat Nederlands-Fins - 3000 woorden

Door Andrey Taranov

Woordenlijsten van T&P Books zijn bedoeld om u woorden van een vreemde taal te helpen leren, onthouden, en bestudering. Dit woordenboek is ingedeeld in thema's en behandelt alle belangrijk terreinen van het dagelijkse leven, bedrijven, wetenschap, cultuur, etc.

Het proces van het leren van woorden met behulp van de op thema's gebaseerde aanpak van T&P Books biedt u de volgende voordelen:

- Correct gegroepeerde informatie is bepalend voor succes bij opeenvolgende stadia van het leren van woorden
- De beschikbaarheid van woorden die van dezelfde stam zijn maakt het mogelijk om woordgroepen te onthouden (in plaats van losse woorden)
- Kleine groepen van woorden faciliteren het proces van het aanmaken van associatieve verbindingen, die nodig zijn bij het consolideren van de woordenschat
- Het niveau van talenkennis kan worden ingeschat door het aantal geleerde woorden

T&P Books Publishing
www.tpbooks.com

ISBN: 978-1-78492-396-9

Dit boek is ook beschikbaar in e-boek formaat.
Gelieve www.tpbooks.com te bezoeken of de belangrijkste online boekwinkels.